Jack CANFIELD
Mark Victor HANSEN

VITAMINES POUR L'ÂME

Traduit de l'américain
par Denis Ouellet

MARABOUT

3645

MARABOUT

Titre original : *Chicken Soup for the Soul*,
Health Communications, Inc.

« Après avoir interviewé des centaines de personnes riches et célèbres, il me semble de plus en plus évident que l'argent et la gloire ne rendent pas nécessairement les gens heureux. Il faut trouver le bonheur à l'intérieur de soi. J'aime mieux avoir un million de sourires dans le coeur qu'un million de dollars dans les poches. Cet ouvrage vous mettra un million de sourires dans le coeur. »

Robin Leach
Auteur et vedette de la télévision

« C'est en racontant des histoires à nos enfants que nous leur transmettons nos valeurs tout en leur ouvrant de nouveaux horizons. Dans ce recueil riche et varié, chacun trouvera au moins quelques histoires qui feront vibrer en lui une corde sensible — des histoires qu'il fera siennes et voudra partager avec les autres. »

Nathaniel Branden
Auteur de *The Power of Self-Esteem*

« Voici un livre merveilleux qui réchauffe le coeur et réjouit l'âme et l'esprit, un livre plein d'idées et de conseils dont chacun peut se servir pour améliorer sa vie en tout ou en partie. C'est un livre à méditer, à lire et à relire maintes et maintes fois. »

Brian Tracy
Auteur de *The Psychology of Achievement*

« Histoires réconfortantes, histoires de tous les temps, la sagesse de ce livre est aussi moderne que la conquête de l'espace et remonte aussi loin que la construction des pyramides. Plus que jamais le monde a besoin qu'on lui raconte des histoires qui l'aident à tirer un sens du chaos et

de la confusion des temps modernes. Jack et Mark sont des conteurs hors pair et de grands amateurs d'histoires vécues. Quel cadeau à faire aux enseignants, à ceux qui écrivent des discours, à quiconque se trouve sur la voie de la croissance et de la guérison. Tout est là, assaisonné d'humour, écrit avec compassion et intégrité. »

Sidney B. Simon
Auteur de *Values Clarification* et *Forgiveness* et de 14 autres livres

« J'ai aimé chaque page. Les histoires sont émouvantes et stimulantes à la fois, la poésie est très belle et les citations sont profondes et intelligentes. Jack et Mark ont compilé pour nous un véritable trésor de sagesse. Ces histoires nous font apprécier à leur juste valeur les petites et grandes choses de la vie.

Voici un magnifique cadeau à faire à ceux qu'on aime, et vous pouvez être sûrs que je vais acheter plusieurs exemplaires pour ma famille et mes amis. »

Richard Loughlin
Président de Century 21 Real Estate Corp.

« Quel livre magnifique ! Le livre que Jack Canfield et Mark Victor Hansen ont écrit m'a fait le même effet que la soupe au poulet de ma grand-mère... C'est chaud et ça fait du bien. J'ai l'intention de m'en servir chaque fois que j'aurai besoin d'un peu d'amour. »

Dawn Steel
Ancien président de Columbia Pictures

« Cet ouvrage nous rappelle que l'amour est encore et toujours l'ingrédient principal de la vie. Ce devrait être une lecture obligatoire pour tous. »

Wally Amos
Famous Amos Cookies

« Quel merveilleux cadeau vous nous faites avec ce recueil d'histoires ! Et quel cadeau magnifique ce sera pour mes amis ! Je suis convaincu qu'on devrait lui faire une place sur toutes les tables de chevet, car il suffit d'y plonger trente minutes chaque jour pour conserver sa foi dans la bonté fondamentale du genre humain.

Les histoires que vous avez choisies nous réchauffent le coeur tout en faisant équilibre avec les nouvelles que nous entendons chaque jour par le truchement des médias. Votre livre régénère l'âme et redonne à la vie son sens réel et positif. Beau travail ! Je suis sûr que ce sera un immense succès. »

Bob Reasoner
Président du International Council for Self-Esteem
et auteur de *Building Self-Esteem*

Avec amour, nous dédions ce livre à nos épouses,
Georgia et Patty, et à nos enfants,
Christopher, Oran, Kyle, Elisabeth et Melanie,
qui versent un baume sur nos âmes.
Vous êtes toujours là pour nous réchauffer le coeur et
nous remonter le moral. Nous vous aimons beaucoup !

Sommaire

Introduction

Nous avons toutes les connaissances nécessaires pour mettre fin à l'inutile souffrance affective dont de nombreuses personnes font actuellement l'expérience. L'estime de soi et l'efficacité sont des ressources dont chacun dispose en abondance pour peu qu'il se donne la peine de les rechercher.

Il est difficile de transmettre par écrit l'esprit d'une communication orale. Des histoires que nous racontons chaque jour ont dû être réécrites cinq fois pour qu'elles fonctionnent aussi bien sur le papier qu'en public. Quand vous lirez ces histoires, oubliez s'il vous plaît tout ce que vous ont appris vos cours de lecture rapide. Ralentissez. Écoutez les mots dans votre coeur comme vous les écoutez dans votre tête. Savourez chaque histoire. Laissez-la vous émouvoir. Demandez-vous : Que réveille-t-elle en moi ? Qu'évoque-t-elle dans ma propre vie ? Quel sentiment ou quelle action m'inspire-t-elle de l'intérieur ? Laissez-vous nouer une relation personnelle avec chaque histoire.

Quelques histoires vous toucheront plus que d'autres. Certaines auront pour vous un sens plus profond. Certaines vous feront pleurer. D'autres vous feront rire. Certaines vous réchaufferont le coeur. D'autres vous feront l'effet d'un coup de poing. Il n'y a pas de bonne réaction. Il y a seulement votre réaction. Laissez-vous réagir, puis laissez le temps faire.

Ne vous pressez pas de finir ce livre. Prenez tout votre temps. Goûtez. Savourez. Lisez-le avec tout votre être. Il représente les milliers d'heures qu'il nous a fallu pour extraire « la crème de la crème » de nos quarante années d'expérience réunies.

Une dernière chose : lire un livre comme celui-ci, c'est un peu comme se mettre à table pour manger un repas composé uniquement de desserts. Ça peut être un peu trop riche. C'est un repas sans légumes, sans salade et sans pain. Tout l'essentiel est là et il n'y a que très peu de superflu.

Dans nos séminaires et ateliers, nous prenons le temps de présenter, d'expliquer et d'explorer chaque histoire séparément afin d'en tirer des principes et des leçons qui peuvent s'appliquer à nos vies de tous les jours. Ne faites pas que lire ces histoires. Prenez le temps de les digérer et de les faire vôtres.

Si vous ressentez le besoin de partager une histoire avec quelqu'un, faites-le. Quand une histoire vous fait penser à quelqu'un d'autre, appelez cette personne et racontez-lui l'histoire en question. Plongez-vous corps et âme dans cette lecture, et quelles que soient les idées qui vous viennent en lisant, changez-les en actions. Ces histoires sont censées vous inspirer et vous stimuler.

Pour la plupart de ces histoires, nous avons remonté jusqu'à leur source première et demandé aux personnes concernées qu'elles nous les racontent avec leurs propres mots. Ce sont donc leurs voix et non les nôtres que vous entendrez en les lisant.

Nous espérons que vous aurez autant de plaisir à lire ce livre que nous en avons eu à l'écrire.

1

SUR L'AMOUR

Le jour viendra où,
après avoir maîtrisé l'espace,
le vent, les marées et la gravité,
nous maîtriserons pour Dieu
les énergies de l'amour.
Ce jour-là, pour la seconde fois
dans l'histoire du monde,
nous aurons découvert le feu.

Teilhard de Chardin

S'il y a de la lumière dans l'âme,
Il y aura de la beauté dans la personne.
S'il y a de la beauté dans la personne,
Il y aura de l'harmonie dans la maison.
S'il y a de l'harmonie dans la maison,
Il y aura de l'ordre dans la nation.
S'il y a de l'ordre dans la nation,
Il y aura de la paix dans le monde.

Proverbe chinois

L'amour, seule et unique force créatrice

Répandez l'amour partout où vous allez : d'abord et avant tout dans votre propre maison. Aimez vos enfants, votre épouse ou votre mari, votre voisin d'à côté... Ne laissez personne venir à vous qui ne reparte meilleur et plus heureux. Soyez l'expression vivante de la bonté de Dieu : bonté de votre visage, bonté de votre regard, bonté de votre sourire, bonté de votre accueil chaleureux.

Mère Teresa

Un professeur d'université demanda aux étudiants de sa classe de sociologie de réaliser une enquête auprès de 200 jeunes garçons vivant dans les quartiers pauvres de Baltimore. Appelés à émettre une opinion concernant le sort qui attendait ces enfants, les étudiants écrivirent dans chaque cas : « Il n'a aucun avenir. » Vingt ans plus tard, un autre professeur de sociologie prit connaissance de la première étude. Il décida d'en faire le suivi et demanda à ses étudiants d'aller voir sur place ce qui était arrivé à ces enfants. Si l'on excepte 20 garçons qui avaient déménagé ou étaient décédés, les étudiants découvrirent que 176 des 180 cas restants avaient eu beaucoup de succès en tant qu'avocats, médecins ou hommes d'affaires.

Étonné, le professeur décida de pousser l'enquête plus loin. Heureusement, tous les hommes vivaient encore dans la région et il put demander à chacun d'eux : « Comment expliquez-vous votre succès ? » Tous répondirent avec chaleur : « C'est une institutrice... »

Cette institutrice était toujours vivante et bien alerte, alors le professeur retrouva la vieille dame et lui demanda quelle formule magique elle avait employée pour sortir ces jeunes garçons des bas-fonds et les mettre sur la voie de la réussite.

Les yeux de l'institutrice s'illuminèrent et ses lèvres s'entrouvrirent en un doux sourire : « C'est très simple, dit-elle. J'aimais ces garçons. »

Eric Butterworth

Je me souviens

Quand mon père me parlait, il engageait toujours la conversation de cette façon : « Est-ce que je t'ai dit aujourd'hui que je t'aimais ? » L'expression d'amour était réciproque et, dans ses dernières années, alors que sa vie tirait visiblement à sa fin, nous nous sommes rapprochés encore plus... si tant est qu'on puisse être plus proches que nous l'étions déjà.

À 82 ans, il était prêt à mourir, et j'étais prête à le laisser partir pour que cesse sa douleur. Nous avons ri et pleuré et nous avons parlé de notre amour l'un pour l'autre et nous étions d'accord pour dire que le temps était venu. J'ai dit : « Papa, quand tu seras parti, je veux que tu me fasses un signe pour que je sache que tout va bien. » Il a ri de cette absurdité ; Papa ne croyait pas à la réincarnation. Je n'étais pas sûre d'y croire moi-même, mais j'avais eu plusieurs expériences qui m'avaient convaincue qu'il me serait possible de recevoir un signal « de l'autre monde ».

Mon père et moi étions si intimement liés que j'ai senti sa crise cardiaque dans ma poitrine au moment où il est mort. Je déplorais que l'hôpital, dans sa stérile sagesse, ne m'ait pas permis de lui tenir la main dans les tout derniers instants.

Jour après jour, j'espérais qu'il communique avec moi, mais il ne m'arrivait rien. Nuit après nuit, avant de m'endormir, je priais pour qu'un rêve me vienne. Et pourtant, quatre longs mois passèrent et je n'avais encore rien entendu et rien senti, hormis la peine de l'avoir perdu. Mère était morte cinq ans auparavant de la maladie d'Alzheimer et, bien que j'aie moi-même deux grandes filles, je me sentais seule comme une enfant abandonnée.

Un jour, tandis que j'attendais l'arrivée du massothérapeute, étendue sur une table dans une pièce sombre et silencieuse, une vague de tendresse pour mon père me submergea. Je commençais à me demander si je n'avais pas été trop exigeante en demandant ce signe de lui. Je remarquai que mon esprit était dans un état d'extrême acuité. Je faisais l'expérience d'une clarté d'esprit qui ne m'était pas familière, une clarté telle qu'il m'aurait été possible d'additionner mentalement des colonnes et des colonnes de chiffres. J'ai vérifié pour voir si j'étais bien éveillée et non en train de rêver, mais l'état dans lequel je me trouvais était aussi éloigné que possible de l'état de rêve. Chaque pensée qui me venait était comme une goutte d'eau qui tombe au milieu d'un étang et en trouble la tranquillité, et je m'émerveillai de la paix qui accompagnait chacun de ces moments. Puis j'ai pensé : « J'essayais de contrôler les messages de l'autre monde ; je vais cesser de le faire. »

Soudain le visage de ma mère m'apparut — ma mère telle qu'elle était avant que la maladie d'Alzheimer ne lui dérobe son esprit, son humanité et 25 kilos de chair. Ses magnifiques cheveux argentés formaient une couronne autour de son doux visage.

Elle était si vraie et si proche que j'avais l'impression qu'en étirant le bras j'aurais pu la toucher. Elle ressemblait à la femme qu'elle était il y a une douzaine d'années, avant que le dépérissement ne commence. J'ai même senti l'odeur de Joy, son parfum préféré. Elle semblait attendre et ne parlait pas. Je me demandais comment il se faisait que ma mère m'apparaissait quand c'est à mon père que je pensais, et je me sentis coupable de ne pas avoir demandé à la voir elle aussi.

J'ai dit : « Oh ! Mère, je suis tellement désolée que vous ayez dû souffrir de cette horrible maladie. »

Elle pencha légèrement la tête d'un côté, comme pour montrer qu'elle comprenait ce que j'avais dit au sujet de sa souffrance. Puis elle sourit — un si beau sourire — et dit, très distinctement : « Mais moi, je me souviens uniquement de l'amour. » Et elle disparut.

Je me suis mise à trembler dans cette pièce soudainement devenue froide, et je sus dans mon corps que l'amour que nous avons pour les autres et celui que les autres ont pour nous est tout ce qui compte et tout ce dont nous nous souviendrons. La souffrance disparaît ; l'amour demeure.

Ses mots sont les plus importants que j'aie jamais entendus, et ce moment est à jamais gravé dans mon coeur.

Mon père n'a pas encore communiqué avec moi, mais je ne doute pas qu'un jour, quand je m'y attendrai le moins, il apparaîtra et me dira : « Est-ce que je t'ai dit aujourd'hui que je t'aimais ? »

Bobbie Probstein

Chant du coeur

Il était une fois un grand homme qui épousa la femme de ses rêves. De cet amour naquit une petite fille. C'était une petite fille intelligente et pleine d'entrain et le grand homme l'aimait beaucoup.

Quand elle était toute petite, le grand homme la soulevait de terre, chantait un air et dansait avec elle autour de la pièce, et il lui disait : « Je t'aime, petite fille. »

Quand la petite fille n'était encore qu'une enfant, le grand homme la prenait dans ses bras et lui disait : « Je t'aime, petite fille. » Mais la petite fille faisait la moue et disait : « Je ne suis plus une petite fille. » Alors l'homme riait et disait : « Pas pour moi, tu seras toujours ma petite fille. »

La petite fille qui-n'était-plus-une-petite-fille quitta la maison pour aller vivre sa vie. Plus elle apprenait à se connaître elle-même, plus elle apprenait à connaître l'homme. Elle vit qu'il était vraiment grand et fort, car maintenant elle pouvait reconnaître ses forces. L'une de ces forces était la capacité d'exprimer son amour à sa famille. Peu importe où elle allait dans le monde, le grand homme l'appelait et lui disait : « Je t'aime, petite fille. »

Le jour vint où la petite fille qui-n'était-plus-une-petite- fille reçut un coup de téléphone. Le grand homme était mal en point. Il avait eu une crise cardiaque. Il était aphasique, expliqua-t-on à la petite fille. Il ne pouvait plus parler et on ne savait pas s'il pouvait comprendre les paroles qu'on lui adressait. Il ne pouvait plus sourire, rire, marcher, prendre quelqu'un dans ses bras, danser ou dire à la petite fille qui-n'était-plus-une-petite-fille qu'il l'aimait.

Aussi s'est-elle rendue au chevet du grand homme. Quand elle entra dans la chambre, elle vit qu'il avait l'air petit et pas fort du tout. Il la regarda et tenta de lui parler, mais il en était incapable.

La petite fille fit la seule chose qu'elle pouvait faire. Elle grimpa sur le lit à côté du grand homme. Des larmes coulèrent de leurs yeux quand elle mit ses bras autour des épaules désormais inutiles de son père.

La tête sur son épaule, elle pensa à plusieurs choses. Elle se souvint des moments magnifiques qu'ils avaient vécus ensemble et comment elle s'était toujours sentie protégée et aimée par le grand homme. Elle pensa à la peine qu'elle éprouverait, aux mots d'amour qui l'avaient réconfortée et qu'elle n'entendrait plus.

Et alors elle entendit, venant de l'intérieur de l'homme, le battement de son coeur. Le coeur, où la musique et les mots avaient toujours vécu. Le coeur battait, régulièrement et sans s'inquiéter des blessures dont souffrait le reste du corps. Et pendant qu'elle se reposait là, il se produisit quelque chose de magique. Elle entendit ce qu'elle avait besoin d'entendre.

Le coeur de son père scandait les mots que sa bouche ne pouvait plus prononcer...

Je t'aime
Je t'aime
Je t'aime
Petite fille
Petite fille
Petite fille
Et elle fut réconfortée.

Patty Hansen

Le grand amour

Moses Mendelssohn, grand-père du célèbre compositeur allemand, était loin d'être un bel homme. En plus d'être plutôt petit, il était affligé d'une affreuse gibbosité.

Il visita un jour un marchand de Hambourg qui avait une fort jolie fille nommée Frumtje. Moses tomba follement amoureux d'elle. Mais son apparence contrefaite répugnait à Frumtje.

Lorsqu'il fut temps de partir, Moses prit son courage à deux mains et gravit l'escalier qui menait à la chambre de la jeune fille. C'était sa dernière chance de lui parler. Frumtje était d'une beauté sans pareille, mais elle lui faisait beaucoup de peine en refusant obstinément de le regarder. Après plusieurs tentatives pour engager la conversation, Moses demanda timidement : « Croyez-vous que les mariages soient faits au Ciel ? »

« Oui, répondit-elle, les yeux toujours rivés au plancher. Et vous ? »

« Oui, je le crois, répondit-il. Voyez-vous, au Ciel, lorsqu'un garçon naît, le Seigneur annonce quelle fille il épousera. Quand je suis né, on m'a désigné ma future épouse. Puis le Seigneur ajouta : « Mais ta femme sera bossue. »

« Aussitôt je me suis écrié : « Oh Seigneur ! Une

femme bossue, ce serait une tragédie. De grâce, Seigneur, donnez-moi la bosse et faites qu'elle soit belle. »

Alors Frumtje regarda Moses dans les yeux. Mue par un lointain souvenir, elle tendit le bras et donna sa main à Mendelssohn, dont elle devint plus tard l'épouse dévouée.

Barry et Joyce Vissell

Le juge d'affection

Lee Shapiro est un juge retraité. C'est aussi l'une des personnes les plus authentiquement bonnes et chaleureuses que nous connaissions. À un tournant de sa carrière, Lee s'est rendu compte que l'amour est le plus grand pouvoir qui soit. Par conséquent, Lee est devenu un « tendre ». Il s'est mis à offrir à tout venant de le serrer dans ses bras. Ses collègues l'ont alors surnommé « le juge d'affection » (par opposition, je suppose, au « juge d'application » des peines).

Il y a environ six ans, Lee a créé ce qu'il appelle le *Kit du juge d'affection*. Sur la boîte, il est écrit : « Un coeur contre une étreinte. » À l'intérieur, il y a 30 petits coeurs rouges brodés sur un tissu adhésif. Lee sort dans la rue, aborde les gens et leur offre un petit coeur en échange d'une étreinte.

Lee est devenu tellement connu pour cela qu'on l'invite souvent à des conférences et à des congrès afin qu'il puisse partager avec l'auditoire son message d'amour inconditionnel. Durant une conférence à San Francisco, les gens des médias locaux lui ont lancé un défi : « C'est facile, dans une conférence, d'embrasser quelqu'un qui a lui-même choisi de venir ici. Mais ça ne marcherait jamais dans le vrai monde. »

Ils mirent Lee au défi d'aller embrasser les gens dans

les rues de San Francisco. Suivi d'une équipe du téléjournal local, Lee est sorti dans la rue. D'abord il s'est approché d'une femme qui marchait dans sa direction. « Bonjour, je m'appelle Lee Shapiro, je suis le juge d'affection. Je donne ces coeurs en échange d'une étreinte. » « Bien sûr », répondit la femme. « Trop facile », dit le commentateur télé. Lee regarda autour de lui. Il vit une contractuelle qui se faisait enguirlander par le propriétaire d'une BMW à qui elle donnait une contravention. Il s'avança vers elle, le cameraman en remorque, et lui dit : « Vous avez l'air d'une femme qui a besoin qu'on la prenne dans ses bras. Je suis le juge d'affection et c'est ce que je vous offre. » Elle accepta.

Le commentateur télé lui lança un dernier défi : « Voilà un autobus qui vient. Les chauffeurs d'autobus de San Francisco sont les personnes les plus dures, les plus renfrognées, les plus méchantes en ville. Montrez-nous comment vous ferez pour qu'il vous prenne dans ses bras. » Lee releva le défi.

Lorsque l'autobus se rangea contre le trottoir, Lee dit au chauffeur : « Bonjour, je suis Lee Shapiro, le juge d'affection. C'est un métier terriblement stressant que vous faites là. J'offre aux gens de les prendre dans mes bras pour soulager leur fardeau un petit peu. Qu'en dites-vous ? » Le chauffeur d'autobus, qui mesurait deux mètres et pesait plus de 110 kilos, se leva, descendit de l'autobus et répondit : « Pourquoi pas ? »

Lee le prit dans ses bras, lui donna un coeur et lui fit signe de la main quand l'autobus s'éloigna. Les gens de la télévision en sont restés sans voix. Finalement, le commentateur avoua : « Je dois dire que je suis très impressionné. »

Lee a une amie, Nancy Johnston, qui exerce le métier de clown. Un jour qu'elle portait son déguisement de clown, avec maquillage et tout, elle vint frapper à sa porte. « Lee, dit-elle, emporte ton kit et viens-t'en à l'Hospice des invalides. »

Lorsqu'ils arrivèrent à l'hospice, ils commencèrent immédiatement à donner des chapeaux ballons, des coeurs et des étreintes aux patients. Mais Lee était mal à l'aise. Jamais auparavant il n'avait pris dans ses bras des personnes gravement malades, en phase terminale, quadriplégiques ou attardées mentalement. C'était loin d'être évident. Mais au bout d'un certain temps, au fur et à mesure qu'un groupe de docteurs, infirmières et garçons de salle se formait autour d'eux et les accompagnait de pièce en pièce, la chose devint plus facile.

Après plusieurs heures, il ne restait plus qu'une salle à visiter. Il y avait là 34 des pires cas que Lee ait jamais vus. L'atmosphère était lourde et Lee sentit que le coeur n'y était plus. Mais parce qu'ils s'étaient engagés à faire du bien à ces pauvres gens en leur montrant un peu d'affection, Nancy et Lee sont entrés dans la pièce, suivis des membres du personnel médical qui à ce moment-là portaient tous un coeur à la boutonnière et un chapeau ballon sur la tête.

Finalement, Lee se présenta devant Leonard, qui portait une grande bavette blanche autour du cou. C'était le dernier patient. Mais en voyant cet homme et la salive qui dégoulinait sur sa bavette, Lee dit à Nancy : « Partons d'ici. On ne peut rien faire pour lui. » Nancy répliqua : « Allons, Lee, c'est un être humain, non ? » Puis elle plaça un ballon sur la tête de Leonard. Lee colla un petit coeur sur sa bavette, puis il inspira profondément, se pencha et prit Leonard dans ses bras.

Soudain, Leonard se mit à pousser des petits cris : « Eeeeeehh ! Eeeeeeh ! » D'autres patients dans la pièce firent tinter des objets en les frappant les uns contre les autres. Lee se tourna vers le personnel médical en quête d'une explication quelconque mais il vit que tous les docteurs, infirmières et garçons de salle pleuraient. « Que se passe-t-il ? » demanda-t-il enfin à une infirmière.

Lee n'a jamais oublié ce qu'elle a répondu : « C'est la première fois en 23 ans que nous voyons Leonard sourire. »

C'est si simple de faire du bien aux gens qui en ont le plus besoin.

Jack Canfield et Mark V. Hansen

Vous ne pourriez jamais faire ça ?

Il nous faut quatre étreintes par jour pour survivre. Il nous faut huit étreintes par jour pour fonctionner. Il nous faut douze étreintes par jour pour croître.

Virginia Satir

Dans nos séminaires et ateliers, nous tâchons toujours de faire comprendre aux gens l'importance des étreintes. La plupart réagissent en disant : « Je ne pourrais jamais faire ça où je travaille. » En êtes-vous si sûr ?

Voici la lettre d'une femme qui avait assisté à l'un de nos séminaires.

Cher Jack,

La journée avait plutôt mal commencé. Mon amie Rosalind est venue faire un tour chez moi et elle m'a demandé si j'étais d'humeur à prendre les gens dans mes bras ce jour-là. J'ai grommelé quelque chose en guise de réponse mais par la suite je me suis mise à penser à ça et à tout ce qui s'était passé durant la semaine. Je regardais le texte que vous nous avez remis : « Comment mettre en pratique ce que le séminaire vous a appris » ; et je grimaçais chaque fois que j'arrivais à la partie où il est question de prendre les gens dans ses bras parce que je ne pouvais pas m'imaginer en train de faire ça au travail.

Eh bien, j'ai quand même décidé que ce jour-là serait le « jour des étreintes », et j'ai commencé à prendre dans mes bras tous les clients qui se présentaient à mon comptoir. Ç'a été fantastique de voir comment le visage des gens s'illuminait. Un étudiant en administration a fait quelques pas de danse sur le dessus du comptoir. Certaines personnes sont même venues en redemander. Les deux réparateurs de chez Xerox, qui faisaient leur boulot sans dire un mot, ont été tellement surpris, ils se sont comme réveillés et, tout à coup, ils parlaient et riaient en travaillant.

À la fin de la journée, j'avais l'impression d'avoir embrassé tout le monde à la Wharton Business School, *et tous mes tracas du matin, y compris un malaise physique, avaient disparu. Je m'excuse d'écrire une si longue lettre mais je suis vraiment très excitée. Le plus beau moment, ç'a été quand j'ai vu une dizaine de personnes qui s'embrassaient les unes les autres devant mon comptoir. Je n'en croyais pas mes yeux.*

Amitiés,
Pamela Rogers

P.S. En retournant chez moi, j'ai pris un policier dans mes bras sur la 37e rue. Il a dit : « Hé ! On ne fait jamais ça aux policiers. Êtes-vous sûre que vous n'avez pas plutôt envie de me jeter quelque chose à la tête ? »

Quelqu'un d'autre ayant assisté à l'un de nos séminaires nous a fait parvenir ce qui suit au sujet des étreintes.

Prendre quelqu'un dans ses bras, c'est bon pour la santé. Cela renforce le système immunitaire, aide à maintenir la forme, guérit la dépression, réduit le stress et favorise le sommeil. C'est vivifiant, tonifiant et sans effets secondaires déplaisants. Prendre quelqu'un dans ses bras, c'est rien de moins qu'un remède miracle.

Prendre quelqu'un dans ses bras, c'est la nourriture la plus diététique, la plus écologique, la plus douce qu'on puisse obtenir sans sucre additionné, sans engrais chimiques ni pesticides, sans ingrédients artificiels et cent pour cent naturelle.

Prendre quelqu'un dans ses bras, c'est le cadeau idéal. Aucune pièce mobile, aucune batterie à recharger, aucune vérification périodique, faible dépense énergétique, grande action énergisante, sans danger inflationniste, aucun risque d'engraisser, aucun paiement mensuel, aucune assurance requise, à l'épreuve des voleurs, non taxable, ne pollue pas l'environnement et, bien sûr, est très facile à échanger.

Source inconnue

Jack Canfield

Vous n'êtes pas n'importe qui

Dans une école de la ville de New York, un professeur décida de rendre hommage à ses élèves de terminale en soulignant l'importance que chacun d'eux avait à ses yeux. Suivant un rituel mis au point par Helice Bridges, de Del Mar en Californie, elle les faisait venir à l'avant de la classe, un seul élève à la fois. D'abord elle expliquait ce que l'élève lui avait apporté à elle, puis ce qu'il ou elle avait apporté à la classe. Ensuite, elle lui remettait un ruban bleu sur lequel était imprimée la phrase suivante, en lettres dorées : « Je ne suis pas n'importe qui. »

Par la suite, le professeur décida d'en faire un travail collectif pour voir s'il était possible de reproduire le même effet sur une plus grande échelle. Elle donna trois rubans à chaque élève avec pour instructions d'aller dans la communauté et d'y perpétuer cette cérémonie de reconnaissance. Puis l'élève devait s'informer des résultats, à savoir qui avait reconnu l'importance de qui, et présenter un rapport devant la classe la semaine suivante.

Un des élèves de la classe décida de rendre hommage au jeune cadre d'une compagnie voisine qui l'avait aidé dans sa planification de carrière. Il lui donna un ruban bleu et l'épingla sur sa chemise. Puis il lui donna deux autres rubans en disant : « Nous faisons un travail de classe sur la reconnaissance. Nous aimerions que tu remettes un ruban bleu à quelqu'un en témoignage de ta reconnaissance et puis, pour que cette cérémonie ne s'arrête pas là, que tu lui donnes cet autre ruban afin qu'à son tour il puisse rendre hommage à une troisième personne. Ensuite, s'il te plaît, reviens me voir et dis-moi ce qui s'est passé. »

Plus tard ce jour-là le jeune cadre alla voir son patron, qui était reconnu, soit dit en passant, pour son mauvais caractère. Il le pria de s'asseoir et lui dit qu'il admirait grandement son génie créatif. Le patron sembla extrêmement surpris. Le jeune cadre lui demanda s'il voulait bien accepter ce ruban bleu en guise de présent et s'il lui donnait la permission de l'épingler sur lui. Étonné, son patron répondit : « Oui, bien sûr. »

Le jeune cadre prit le ruban et l'épingla sur la veste de son patron juste au-dessus du coeur. En lui donnant l'autre ruban, il ajouta : « Voudriez-vous me rendre un service ? Pourriez-vous prendre ce deuxième ruban et le remettre à quelqu'un d'autre pour lui rendre hommage ? Le jeune garçon qui m'a donné ces rubans l'a fait dans le cadre d'un travail de classe et nous aimerions que cette cérémonie se perpétue et savoir comment elle affecte les gens. »

Ce soir-là, le patron alla trouver son garçon de 14 ans et le fit asseoir. « Une chose incroyable m'est arrivée aujourd'hui, dit-il. Un des jeunes cadres de la compagnie est entré dans mon bureau et m'a dit qu'il m'admirait parce que j'avais du génie. Tu t'imagines ! Il pense que j'ai du génie ! Puis il a épinglé ce ruban où on lit : « Je ne suis pas n'importe qui » sur ma veste, juste au-dessus du coeur. Il m'a donné un autre ruban et m'a demandé de trouver quelqu'un à qui rendre hommage. En revenant à la maison ce soir, je me demandais à quelle personne je choisirais de remettre ce ruban et j'ai pensé à toi. Je veux te rendre hommage.

J'ai des journées impossibles et quand j'arrive à la maison, je ne m'occupe pas beaucoup de toi. Quelquefois je te gronde parce que tes notes ne sont pas assez bonnes ou parce que ta chambre est en désordre, mais ce soir, eh bien, je veux juste m'asseoir avec toi et te faire savoir que tu es quelqu'un d'important pour moi. À part ta mère, tu es la personne la plus importante dans ma vie. Tu es un garçon fantastique et je t'aime ! »

Le garçon étonné se mit à sangloter et il ne pouvait pas retenir ses larmes. Tout son corps tremblait. Il leva les yeux vers son père et dit entre deux sanglots : « J'avais prévu de me suicider demain, Papa, parce que je pensais que tu ne m'aimais pas. Maintenant je n'ai pas besoin de le faire. »

Helice Bridges

Une par une

Un de nos amis marchait sur une plage mexicaine déserte, au coucher du soleil. Peu à peu, il commença à distinguer la silhouette d'un autre homme dans le lointain. Quand il fut plus près, il remarqua que l'homme, un indigène ne cessait de se pencher pour ramasser quelque chose qu'il jetait aussitôt à l'eau. Maintes et maintes fois, inlassablement, il lançait des choses à tour de bras dans l'océan.

En s'approchant encore davantage, notre ami remarqua que l'homme ramassait les étoiles de mer que la marée avait rejetées sur la plage et, une par une, les relançait dans l'eau.

Notre ami était intrigué. Il aborda l'homme et lui dit : « Bonsoir, mon ami. Je me demandais ce que vous étiez en train de faire. »

« Je rejette les étoiles de mer dans l'océan. C'est la marée basse, voyez-vous, et toutes ces étoiles de mer ont échoué sur la plage. Si je ne les rejette pas à la mer, elles vont mourir du manque d'oxygène. »

« Je comprends, répliqua notre ami, mais il doit y avoir des milliers d'étoiles de mer sur cette plage. Vous ne pourrez pas toutes les sauver. Il y en a tout simplement trop. Et vous ne vous rendez pas compte que le même phénomène se produit probablement à l'instant même sur des centaines de plages tout le long de la côte ? Vous ne voyez pas que vous ne pouvez rien y changer ? »

L'indigène sourit, se pencha et ramassa une autre étoile de mer. En la rejetant à la mer, il répondit : « Ça change tout pour celle-là ! »

Jack Canfield et Mark V. Hansen

Le bouquet de fleurs

Bennet Cerf raconte cette histoire touchante au sujet d'un autobus qui bringuebalait sur une route de campagne dans le sud des États-Unis.

Sur un siège était assis un vieil homme qui tenait à la main un bouquet de fleurs fraîchement cueillies. De l'autre côté de l'allée, il y avait une jeune fille dont le regard revenait sans cesse se poser sur les fleurs du vieil homme. Le moment arriva où il fallait que le vieil homme descende. Soudainement, il déposa le bouquet sur les genoux de la jeune fille. « Je vois que vous aimez les fleurs, expliqua-t-il, et je pense que ma femme aimerait que vous les ayez. Je vais lui dire que je vous les ai données. » La jeune fille accepta les fleurs, puis regarda le vieil homme descendre de l'autobus et pousser la grille d'un petit cimetière.

Un frère comme ça

Un de mes amis avait reçu une automobile en cadeau de la part de son frère. La veille de Noël, en sortant du bureau, Paul vit un petit garnement qui tournait autour de sa voiture neuve, le regard plein d'admiration. « C'est votre voiture, Monsieur ? » demanda-t-il.

Paul fit oui de la tête. « Mon frère me l'a donnée pour Noël. » Le garçon n'en revenait pas. « Vous voulez dire que votre frère vous l'a donnée et qu'elle vous a pas coûté un sou ? Eh ben ! J'aimerais ça, moi... » Il hésita.

Bien sûr, Paul savait ce que le garçon allait dire : il aurait aimé avoir un frère comme ça. Mais ce qu'il dit secoua Paul de la tête aux pieds.

« J'aimerais ça, dit-il, être un frère comme ça. »

Paul regarda le garçon avec étonnement, puis il ajouta impulsivement : « Aimerais-tu faire un tour dans mon auto ? »

« Oh oui, j'aimerais beaucoup. »

Après une courte promenade, le garçon se tourna vers Paul, les yeux brillants : « Monsieur, dit-il, voudriez-vous passer devant ma maison ? »

Paul sourit. Il pensait savoir ce que le garçon voulait : il voulait que ses voisins le voient rentrer chez lui dans une grosse automobile. Mais Paul se trompait encore.

« Voudriez-vous vous arrêter là, devant ces deux marches ? » demanda le garçon.

Il grimpa les marches. Au bout d'un certain temps, Paul l'entendit qui revenait, mais il ne revenait pas vite. Il transportait son petit frère infirme. Il le fit asseoir sur la plus basse des deux marches puis il se serra contre lui en montrant la voiture du doigt.

« La voici, petit, comme je t'ai dit en haut. Son frère lui a donnée pour Noël et elle lui a pas coûté un sou. Et moi, un jour je vais t'en donner une pareille... alors tu pourras voir toi-même toutes les belles choses dans les vitrines de Noël que j'ai essayé de te décrire. »

Paul est sorti, a soulevé le petit garçon et l'a installé sur la banquette avant de la voiture. Le grand frère est monté à ses côtés et ils se sont lancés tous les trois dans une mémorable virée du temps des fêtes.

Cette veille de Noël, Paul a compris ce que Jésus voulait dire quand il a dit : « *Il y a plus de bonheur à donner...* »

Dan Clark

Sur le courage

« Alors tu penses que je suis courageuse ? » demanda-t-elle.

« Oui, je le pense. »

« Tu as peut-être raison. Mais c'est parce que j'ai eu des professeurs dont j'ai pu m'inspirer. Je vais te parler de l'un d'eux. Il y a plusieurs années, quand j'étais bénévole à l'hôpital Stanford, j'ai connu une petite fille nommée Lisa qui souffrait d'une maladie rare et très grave. Sa seule chance de guérison semblait être de recevoir une transfusion sanguine de son frère âgé de cinq ans, qui avait miraculeusement survécu à la même maladie et avait développé les anticorps nécessaires pour la combattre. Le docteur expliqua la situation au petit frère et lui demanda s'il était prêt à donner son sang pour sa soeur. Je l'ai vu hésiter un instant puis prendre une grande respiration avant de répondre : « Oui, je vais le faire si ça peut sauver Lisa. »

« Durant la transfusion, il était étendu dans le lit à côté de Lisa et il souriait, comme nous souriions tous en voyant la petite fille reprendre des couleurs. Puis le visage du petit garçon devint pâle et son sourire disparut. Il regarda le docteur et demanda d'une voix tremblante : « Est-ce que je vais commencer tout de suite à mourir ? »

« Parce qu'il était jeune, le garçon avait mal compris le docteur ; il pensait qu'il lui faudrait donner tout son sang. »

« Oui, j'ai appris le courage, ajouta-t-elle, parce que j'ai eu des professeurs dont j'ai pu m'inspirer. »

Dan Millman

Big Ed

Quand je suis arrivé dans cette ville où j'allais diriger un séminaire sur *Les vrais hommes forts du management*, un petit groupe de personnes m'a emmené dîner au restaurant pour me renseigner sur le genre de public auquel je m'adresserais le lendemain.

De toute évidence, le « chef » de ce groupe était Big Ed, un homme grand et costaud avec une grosse voix caverneuse. Durant le dîner, il m'a appris qu'il travaillait comme médiateur dans une grande organisation internationale. Quand une branche ou une division de la compagnie avait de gros problèmes, c'était son boulot d'aller résilier sur place l'engagement du cadre responsable.

« Joe, dit-il, j'ai vraiment hâte d'être demain parce que tout le monde a besoin d'entendre parler un homme fort comme toi. Ils vont se rendre compte que ma manière est la bonne. » Il sourit et me fit un clin d'oeil.

Je lui souris. Je savais que le lendemain ne serait pas ce qu'il attendait.

Le jour suivant, il demeura impassible tout au long du séminaire et quitta la salle à la fin sans me dire un mot.

Trois ans plus tard, je suis retourné dans cette ville

pour y diriger un autre séminaire de management à un groupe composé sensiblement des mêmes personnes. Big Ed était encore là. À 10 heures environ, il se leva et demanda d'une voix forte : « Joe, est-ce que je peux dire quelque chose ? »

J'ai souri. « Bien sûr, Ed. Quand on est aussi gros que toi, on peut dire tout ce qu'on veut. »

« Tous les gars ici me connaissent, commença Big Ed, et certains savent ce qui m'est arrivé, mais maintenant j'aimerais raconter mon histoire à tout le monde. Joe, je pense que tu apprécieras ce que j'ai à dire quand ce sera terminé.

« Quand je t'ai entendu dire que chacun d'entre nous, s'il voulait devenir un homme vraiment fort, devrait apprendre à dire « je t'aime » aux personnes qui lui sont chères, je me suis dit que c'était de la belle foutaise. Je me demandais quel rapport ça pouvait bien avoir avec le fait d'être un homme fort. Tu comparais la force à du cuir, et la dureté à du granit, et tu disais qu'un homme fort a l'esprit ouvert, qu'il est patient, discipliné et persévérant. Mais je ne voyais toujours pas ce que l'amour venait faire dans le portrait.

« Ce soir-là, j'étais assis dans la salle de séjour avec ma femme et tes paroles me trottaient encore dans la tête. Quel genre de courage me faudrait-il pour dire à ma femme que je l'aime ? Tout le monde pouvait faire ça, non ? Tu avais dit aussi que ça devait se passer au grand jour et non dans la chambre à coucher. Plusieurs fois je me suis éclairci la gorge, j'ouvrais la bouche pour parler puis j'arrêtais. Ma femme m'a regardé et m'a demandé ce que je voulais, alors j'ai dit : « Oh, rien. » Puis, tout à coup, je me suis levé et j'ai traversé la pièce. J'étais nerveux, j'ai écarté son journal et j'ai dit : « Alice, je t'aime. » Pendant une minute elle est restée bouche bée. Ensuite les larmes lui ont monté aux yeux et elle a dit doucement : « Je t'aime aussi, Ed, mais c'est la première fois que tu me le dis comme ça depuis 25 ans. »

« On a parlé pendant un bon moment, on se disait que l'amour, quand il est assez fort, peut dissoudre toutes sortes de tensions, et j'ai décidé sur un coup de tête d'appeler mon fils aîné qui vit à New York. On a toujours eu de la difficulté à communiquer tous les deux. Quand je l'ai eu au bout du fil, j'ai dit : « Mon gars, tu vas penser que je suis saoul mais c'est pas le cas. J'ai juste voulu t'appeler pour te dire que je t'aime. »

« Il y a eu un long silence à l'autre bout puis il a dit simplement : « Papa, j'imagine que je le savais déjà, mais ça fait vraiment du bien de l'entendre. Je veux que tu saches que je t'aime aussi. » On a eu une bonne conversation puis j'ai appelé mon fils cadet à San Francisco. Lui et moi, on s'entend mieux. Je lui ai dit la même chose et là encore ç'a été la meilleure conversation qu'on ait jamais eue tous les deux.

« Étendu dans mon lit ce soir-là, je me suis rendu compte que toutes les choses que tu avais dites — tous les petits détails pratiques sur le management — avaient un double sens ; et j'ai compris qu'avant de pouvoir les appliquer au travail, il fallait que je découvre la force de l'amour et que j'apprenne à m'en servir.

« Je me suis mis à lire des livres sur le sujet. Comme tu le sais, Joe, beaucoup de grands hommes ont écrit un tas de livres sur la force de l'amour, et j'ai commencé à entrevoir toutes ses applications pratiques dans ma vie, autant à la maison qu'au travail.

« Comme certains des gars ici le savent, j'ai vraiment changé ma façon de travailler avec les gens. Je les écoute plus et j'entends vraiment ce qu'ils ont à dire. J'ai appris ce que c'était que d'essayer de connaître les forces des gens au lieu d'insister sur leurs faiblesses. J'ai commencé à prendre plaisir à les aider à bâtir leur confiance. Mais de toutes les choses que j'ai apprises, la plus importante c'est peut-être qu'une excellente façon de montrer de l'amour et du respect aux gens était de m'attendre à ce qu'ils utilisent leurs forces pour atteindre les objectifs qu'on s'était fixés ensemble.

« Joe, c'est ma façon de te dire merci. En passant, tu parles si c'est pratique. Je suis devenu vice-président de la compagnie et on dit que je suis un des pivots de l'organisation. O.K. vous autres, maintenant écoutez ce gars-là quand il parle ! »

Joe Batten

L'amour et le chauffeur de taxi

J'étais à New York l'autre jour et j'ai fait une course en taxi avec un ami. En sortant de la voiture, mon ami dit au chauffeur : « Vous conduisez très bien. »

Le chauffeur en est resté stupéfait pendant un moment. Puis il a répondu : « Vous vous moquez de moi ou quoi ? »

« Non, mon ami, je ne vous fais pas marcher. Je vous admire de pouvoir garder votre sang-froid dans cette circulation. »

« Ouais », dit le chauffeur en redémarrant.

« Qu'est-ce qui t'as pris ? » demandai-je.

« J'essaie de ramener l'amour dans la ville de New York, dit-il. Je crois que c'est la seule chose qui puisse sauver cette ville. »

« Comment un seul homme pourrait-il sauver New York ? »

« Ce n'est pas l'affaire d'un seul homme. Je crois que j'ai vraiment mis un peu de soleil dans la journée de ce chauffeur de taxi. Imagine qu'il fait 20 courses aujourd'hui. Il sera aimable avec ses 20 clients parce que j'ai été aimable avec lui. Ces clients à leur tour seront plus aimables avec leurs employés, commis, serveurs, ou même avec leur famille. À la fin, cette amabilité pourrait se répandre à 1000 personnes. Ce n'est pas mauvais, n'est-ce pas ? »

« Mais tu comptes sur ce chauffeur de taxi pour transmettre l'amabilité aux autres ? »

« Tout ne repose pas sur lui, répondit mon ami. Je me rends compte que le système n'est pas à toute épreuve, mais disons que j'ai affaire à 10 personnes différentes aujourd'hui. Si, sur les 10, je peux en rendre 3 plus heureuses alors je pourrais, à la fin, avoir influé indirectement sur l'attitude de 3000 personnes. »

« En théorie, ça semble bon, acquiesçai-je, mais je ne suis pas sûr que cela fonctionne en pratique. »

« Rien n'est perdu si ça ne fonctionne pas. Il ne m'a pas fallu beaucoup de temps pour dire à cet homme qu'il faisait un bon travail. Il n'a pas reçu un pourboire plus gros ou plus petit. Si ça tombe dans l'oreille d'un sourd, qu'est-ce que ça fait ? Demain il y aura un autre chauffeur de taxi que j'essaierai de rendre heureux. »

« Tu es un peu fou », dis-je.

« Cela montre bien comme tu es devenu cynique. J'ai fait une étude là-dessus. Ce qui semble manquer le plus, mis à part l'argent bien entendu, à nos employés des postes, c'est que personne ne dit jamais à quelqu'un qui travaille pour le Ministère des Postes qu'il fait du bon travail. »

« Mais ils ne font pas du bon travail ! »

« Ils ne font pas du bon travail parce qu'ils ont l'impression que tout le monde s'en moque qu'ils travaillent mal ou bien. Pourquoi ne pas leur dire une bonne parole de temps en temps ? »

Nous passions devant un édifice en cours de construction et devant cinq travailleurs qui mangeaient leur lunch. Mon ami s'arrêta. « C'est du beau boulot que vous avez fait là. C'est sûrement un travail difficile et dangereux. »

Les travailleurs regardèrent mon ami avec suspicion.

« Quand la bâtisse sera-t-elle terminée ? »

« Juin », grommela un homme.

« Ah ! C'est vraiment impressionnant. Vous devez tous être très fiers. »

Nous continuâmes notre route. Je lui dis : « Je n'ai vu personne comme toi depuis *L'Homme de la Mancha.* »

« Quand ces hommes auront digéré mes paroles, ils s'en porteront mieux. D'une certaine façon, la ville bénéficiera de leur bonne humeur. »

« Mais tu ne peux pas tout faire seul ! protestai-je. Tu n'es qu'un seul homme. »

« Le plus important est de ne pas se décourager. Ce n'est pas facile de redonner le sourire aux gens de cette ville, mais si je pouvais recruter quelques personnes dans ma campagne... »

« Tu viens de faire de l'oeil à une femme, ma foi, pas très jolie. »

« Je sais, dit-il. Et si c'est une institutrice, sa classe peut s'attendre à passer une journée fantastique ! »

Art Buchwald

Un simple geste

Tout le monde peut accomplir de grandes choses... parce que tout le monde peut servir. Vous n'avez pas besoin d'un diplôme universitaire pour servir. Vous n'avez pas besoin d'accorder le verbe avec le sujet pour servir. Vous avez simplement besoin d'un coeur plein de grâce. D'une âme régénérée par l'amour.

Martin Luther King

Un jour, en retournant chez lui après l'école, Mark remarqua que le garçon qui marchait devant lui avait trébuché et lâché tous ses livres ainsi que deux chandails, un bâton, un gant de base-ball et un petit magnétophone. Mark s'agenouilla pour aider le garçon à ramasser ses affaires éparpillées. Puisqu'ils allaient dans la même direction, il s'offrit à porter une partie du fardeau. En cours de route, Mark apprit que le garçon s'appelait Bill, qu'il adorait les jeux vidéo, le base-ball, l'histoire, qu'il avait beaucoup de difficultés dans les autres matières et qu'il venait de rompre avec sa petite amie.

Quand ils furent arrivés devant chez lui, Bill invita Mark à boire un Coke en regardant la télévision. Ils passèrent l'après-midi à rire et à bavarder, puis Mark s'en retourna chez lui. Ils continuèrent de se voir à l'école, mangèrent ensemble une ou deux fois, puis les deux passèrent au cours secondaire. Ils se retrouvèrent dans la même école secondaire où ils eurent de brefs contacts au fil des ans. Finalement, la dernière année tant attendue arriva et, trois semaines avant la remise des diplômes, Bill demanda à Mark s'il pouvait lui parler.

Bill lui rappela la journée où ils s'étaient rencontrés, des années auparavant. « Tu ne t'es jamais demandé pourquoi je ramenais tant de choses à la maison ce jour-là ? Tu vois, j'avais vidé mon casier parce que je ne voulais pas laisser mes affaires en désordre. J'avais chipé quelques pilules pour dormir à ma mère et je m'en allais chez moi avec l'idée de me suicider. Mais après qu'on ait passé quelque temps à parler et à rire, j'ai pensé que si je m'étais suicidé, j'aurais raté ces moments-là et plusieurs autres sans doute qui pourraient suivre. Alors tu vois, Mark, quand tu as ramassé mes livres ce jour-là, tu as fait beaucoup plus. Tu m'as sauvé la vie. »

John W. Schlatter

Le sourire

Souriez-vous les uns les autres, souriez à votre femme, souriez à votre mari, souriez à vos enfants, souriez-vous les uns les autres — peu importe à qui vous souriez — et cela vous aidera à grandir dans un plus grand amour les uns envers les autres.

Mère Teresa

La plupart des gens connaissent *Le Petit Prince*, un livre magnifique écrit par Antoine de Saint-Exupéry. C'est une histoire étonnante et fabuleuse qui peut servir aussi bien de livre pour enfants que de fable pour adultes donnant à penser et à méditer. Moins de gens connaissent les autres oeuvres, romans et nouvelles de Saint-Exupéry.

Saint-Exupéry était un pilote de guerre qui combattit les nazis et périt au combat. Avant la Deuxième Guerre mondiale, il s'était battu contre les fascistes durant la guerre civile espagnole. De cette expérience il tira une histoire fascinante intitulée *Le sourire*. C'est cette histoire que j'aimerais vous raconter. L'auteur ne précise pas s'il a voulu faire oeuvre autobiographique ou de fiction. Des deux hypothèses, je préfère croire à la première.

Il dit qu'il fut capturé par l'ennemi et jeté en prison. À en juger par les regards méprisants et le mauvais traitement que ses geôliers lui réservaient, il était sûr d'être exécuté le lendemain. À partir d'ici, je raconterai l'histoire de mémoire et avec mes propres mots.

« J'étais sûr que je serais tué. Je devins terriblement nerveux et agité. Je cherchai dans mes poches pour voir si quelques cigarettes auraient échappé à la fouille. J'en trouvai une, que j'eus du mal à porter à mes lèvres tant mes mains tremblaient. Mais je n'avais pas d'allumettes, ils les avaient prises.

« Je regardai mon geôlier à travers les barreaux de ma cellule. Il évita de rencontrer mon regard. Après tout, on ne regarde pas une chose, un cadavre. Je lui demandai : « Avez-vous une allumette, *por favor ?* » Il me regarda, haussa les épaules et vint vers moi.

« Quand il me tendit l'allumette pour allumer ma cigarette, ses yeux ont croisé les miens par inadvertance. À ce moment, j'ai souri. Je ne sais pas pourquoi je l'ai fait. Peut-être était-ce par nervosité, peut-être était-ce parce que quand deux personnes sont très près l'une de l'autre, il est difficile de ne pas sourire. Quoi qu'il en soit, j'ai souri. À cet instant, on aurait dit qu'une étincelle avait jailli entre nos deux coeurs, nos deux âmes humaines. Je sais qu'il ne le voulait pas, mais mon sourire avait sauté à travers les barreaux et généré un sourire sur ses lèvres. Il alluma ma cigarette mais resta près de moi, me regardant directement dans les yeux et continuant de sourire.

« Je continuais de sourire à cet homme dans lequel je ne voyais plus maintenant uniquement le geôlier mais aussi l'être humain. Et sa façon de me regarder semblait aussi avoir changé. « As-tu des enfants ? » demanda-t-il.

« « Oui, ici, ici. » Je fouillai nerveusement dans mon portefeuille où j'avais des photos de ma famille. Lui aussi tira du sien les photos de ses *niños* et se mit à parler des projets et des espoirs qu'il caressait pour eux. Les larmes me montèrent aux yeux. Je lui dis que j'avais peur de ne plus jamais revoir ma famille, de ne pas avoir la chance de voir mes enfants grandir. Ses yeux aussi s'emplirent de larmes.

« Soudainement, sans un mot de plus, il ouvrit ma cellule et me fit sortir en silence. Hors de la prison, silencieusement et par les routes secondaires, hors de la ville. Là, à la sortie de la ville, il me relâcha. Et, sans un mot, il repartit vers la ville.

« Un sourire m'a sauvé la vie. »

Oui, le sourire — la communication sincère, spontanée, entre deux personnes. Je me sers de cette histoire dans mon travail parce que je veux amener les gens à considérer toutes les cuirasses que nous fabriquons pour nous protéger — notre dignité, nos titres, nos diplômes, notre statut social et notre besoin d'être vu sous un certain jour — et sous lesquelles repose le moi essentiel, authentique. Je n'ai pas peur de l'appeler l'*âme*. Je crois sincèrement que si cette part de moi et cette part de vous pouvaient se reconnaître, nous ne serions plus des ennemis. Nous ne pourrions plus ressentir de la haine, de l'envie ou de la peur l'un pour l'autre. J'en conclus avec tristesse que toutes ces cuirasses, que nous construisons avec tant de soin durant notre vie, nous isolent et nous privent d'un réel contact avec les autres. L'histoire de Saint-Exupéry nous parle de ce moment magique où deux âmes se reconnaissent.

Je n'ai eu dans ma vie que très peu de ces moments. Tomber amoureux, par exemple. Et regarder un bébé. Pourquoi sourions-nous quand nous voyons un bébé ? Peut-être est-ce parce que nous voyons quelqu'un qui n'a pas de cuirasse, quelqu'un dont le sourire pour nous est totalement sincère et sans artifice. Et c'est notre âme d'enfant qui sourit avec nostalgie en signe de reconnaissance.

Hanoch McCarty

Amy Graham

J'avais pris le vol de nuit de Washington, D.C., et j'étais fatigué en arrivant à l'église Mile High de Denver où je devais officier pour trois services religieux et diriger un atelier sur la conscience de la prospérité. Au moment où j'entrais dans l'église, le docteur Fred Vogt me demanda : « Connaissez-vous la fondation Rêves d'enfants ? »

« Oui », répondis-je.

« Eh bien, les médecins ont diagnostiqué qu'Amy Graham souffrait d'une leucémie en phase terminale. Ils lui donnent trois jours à vivre. Son rêve était d'assister à l'un de vos services avant de mourir. »

J'étais estomaqué. Je ressentais un mélange d'exaltation, de stupéfaction et de doute. Je n'en croyais pas mes oreilles. Je pensais que les enfants sur le point de mourir auraient plutôt envie d'aller à Disneyland, de rencontrer Sylvester Stallone, M. « T » ou Arnold Schwartzennegger. Ils ne voudraient certainement pas passer leurs derniers jours sur terre à écouter Mark Victor Hansen. Pourquoi un enfant à qui il ne reste plus que quelques jours à vivre voudrait-il venir écouter un motivateur ? J'en étais là de mes réflexions quand elles furent interrompues...

« Voici Amy », dit Vogt en déposant sa frêle main

dans la mienne. Devant moi se tenait une jeune fille de 17 ans qui portait un turban orange et rouge vifs pour couvrir sa tête devenue chauve par suite des traitements de chimiothérapie. Son corps était voûté, frêle et fragile. « J'avais deux buts, me dit-elle, terminer mon cours secondaire et assister à votre sermon. Mes docteurs croyaient que je ne pourrais faire ni l'un ni l'autre. Ils ne pensaient pas que j'aurais assez d'énergie. On m'a laissée sortir accompagnée de mes parents... Voici mon père et ma mère. »

J'avais les yeux pleins d'eau, la gorge nouée d'émotion, les jambes molles et tremblantes. J'étais tout à fait secoué. Je me suis éclairci la voix, j'ai souri et dit : « Toi et tes parents, vous êtes nos invités. Merci d'avoir voulu venir. » Nous nous sommes embrassés, avons séché nos larmes et nous sommes séparés.

J'ai assisté à plusieurs séminaires de guérison aux États-Unis, au Canada, en Malaisie, en Nouvelle-Zélande et en Australie. J'ai regardé travailler les meilleurs guérisseurs et j'ai beaucoup étudié, lu, entendu, réfléchi et questionné pour apprendre ce qui fonctionnait et surtout pourquoi et comment cela fonctionnait.

Ce dimanche après-midi, j'ai dirigé un séminaire auquel assistaient Amy et ses parents. La salle était pleine à craquer ; ils étaient plus d'un millier anxieux d'apprendre, de croître et de devenir pleinement humains.

Je leur ai humblement demandé s'ils voulaient apprendre un processus de guérison qui leur serait utile leur vie durant. D'où j'étais sur l'estrade, il m'a semblé que toutes les mains étaient levées haut dans les airs. À l'unanimité, ils voulaient apprendre.

Je leur ai montré comment faire pour sentir l'énergie de guérison circuler entre leurs mains, d'abord en les frottant vigoureusement l'une contre l'autre, puis en les séparant de quelques centimètres. Ensuite j'ai demandé qu'ils forment des paires afin qu'ils puissent sentir l'énergie de guérison irradier d'eux-mêmes vers quelqu'un d'autre. J'ai dit : « Si vous avez besoin d'une guérison, acceptez-la ici et maintenant. »

Tous et toutes étaient à l'unisson ; c'était une sensation extatique. J'expliquai que tout le monde possédait une énergie de guérison et une capacité de guérison. Pour 5 pour 100 d'entre nous, cette énergie qui émane de nos mains est si puissante que nous pourrions en faire profession. J'ai dit : « Ce matin on m'a présenté une jeune fille de 17 ans qui s'appelle Amy Graham. Son voeu le plus cher était d'assister à ce séminaire avant de mourir. Je veux qu'elle monte sur scène et que vous envoyiez tous vos énergies vitales vers elle. Peut-être pouvons-nous l'aider. Elle ne l'a pas demandé. Je le fais spontanément parce qu'il me semble que c'est la meilleure chose qu'on puisse faire. »

Le public s'écria : « Oui ! Oui ! Oui ! Oui ! »

Le père d'Amy l'aida à monter sur l'estrade. La chimiothérapie, tout ce temps cloué au lit et le manque d'exercice l'avaient terriblement affaiblie. (Durant les deux semaines précédentes, les médecins lui avaient interdit de marcher.)

À mon signal, les gens se sont réchauffé les mains et lui ont envoyé leur énergie de guérison, après quoi ils lui ont fait une émouvante ovation.

Deux semaines plus tard, elle a téléphoné pour me dire que ses docteurs l'avaient renvoyée de l'hôpital : rémission totale. Deux ans plus tard, elle se mariait.

J'ai appris à ne jamais sous-estimer le pouvoir de guérison que nous possédons tous. Il est toujours là pour qu'on s'en serve à faire le plus grand bien. Il suffit de ne pas oublier de l'utiliser.

Mark V. Hansen

Une histoire pour la Saint-Valentin

Larry et Jo Ann formaient un couple ordinaire. Ils vivaient dans une maison ordinaire en bordure d'une rue ordinaire. Comme bien d'autres couples ordinaires, ils avaient du mal à joindre les deux bouts tout en s'efforçant d'offrir à leurs enfants ce qu'il y a de mieux.

Ils étaient ordinaires sous un autre rapport : il leur arrivait de se disputer. La plupart de leurs conversations portaient sur ce qui n'allait pas dans leur mariage et il s'agissait toujours de savoir lequel des deux était le plus à blâmer.

Jusqu'au jour où un événement extraordinaire eut lieu.

« Tu sais, Jo Ann, dit Larry, j'ai un meuble à tiroirs magiques dans ma chambre. Chaque fois que je les ouvre, ils sont pleins de chaussettes et de sous-vêtements. Je veux te remercier de les avoir remplis toutes ces années. »

Jo Ann lui jeta un regard oblique par-dessus ses lunettes. « Qu'est-ce que tu veux, Larry ? »

« Rien. Je veux simplement que tu saches combien j'apprécie ces tiroirs magiques. »

Ce n'était pas la première fois que Larry faisait une chose étrange, aussi Jo Ann fit-elle peu de cas de cet incident jusqu'à quelques jours plus tard.

« Jo Ann, merci d'avoir écrit tant de bons numéros dans le carnet de chèques ce mois-ci. Tu as inscrit le bon numéro 15 fois sur 16. C'est un record. »

Incrédule, Jo Ann leva les yeux de son raccommodage. « Larry, tu te plains toujours que je ne note pas le bon numéro de chèque. Pourquoi t'arrêter maintenant ? »

« Y a pas de raison. Je veux juste que tu saches que j'apprécie les efforts que tu fais. »

Jo Ann hocha la tête et retourna à sa besogne. « Qu'est-ce qui lui prend ? » grommela-t-elle à voix basse.

Quoi qu'il en soit, le lendemain quand Jo Ann paya par chèque à l'épicerie, elle vérifia dans son carnet pour s'assurer qu'elle avait inscrit le bon numéro. « Pourquoi est-ce que je m'inquiète tout à coup de ces foutus numéros de chèques ? »

Elle tâcha d'oublier l'incident mais le comportement de Larry devint de plus en plus étrange.

« Jo Ann, ce dîner était succulent, dit-il un soir. J'apprécie tous tes efforts. Ces 15 dernières années, je parie que tu dois avoir préparé 14 000 repas pour les enfants et moi. »

Puis : « Hé ! Jo Ann, la maison est brillante de propreté. Tu as vraiment travaillé fort pour la rendre aussi belle. » Et même : « Merci, Jo Ann, juste d'être toi. J'aime vraiment être avec toi. »

Jo Ann commençait à s'inquiéter sérieusement. « Où est le sarcasme, la critique ? » se demandait-elle.

Elle craignait qu'une chose bizarre ne soit arrivée à son mari et ses craintes furent confirmées par sa fille de 16 ans, Shelly, qui vint se plaindre à elle : « Papa est devenu fou, maman. Il vient de me dire que je suis belle. Toute maquillée et mal habillée comme je suis, il l'a dit quand même. Ce n'est pas papa, ça. Qu'est-ce qui ne va pas chez lui, maman ? »

Peu importe ce qui n'allait pas, Larry ne s'en est pas remis. Jour après jour, il continua de se concentrer sur le positif.

Les semaines passèrent, Jo Ann s'habitua peu à peu au comportement étrange de son mari, et il arriva même, en de rares occasions, qu'elle lui dise merci. Elle était surtout fière de ne pas avoir paniqué, jusqu'au jour où quelque chose de tellement bizarre se produisit qu'elle en fut complètement chamboulée.

« Je veux que tu te reposes, dit Larry. Ce soir, c'est moi qui fait la vaisselle. Alors s'il te plaît dépose cette poêle à frire et sors de la cuisine. »

(Longue, très longue pause.) « Merci, Larry. Merci beaucoup ! »

Jo Ann marchait maintenant d'un pas un peu plus léger, sa confiance en elle était plus grande et elle se surprenait parfois à chantonner. Elle ne semblait plus être déprimée aussi souvent qu'avant. « En fin de compte, j'aime assez le nouveau comportement de Larry », pensa-t-elle.

Ce serait la fin de l'histoire si ce n'est qu'un jour un

autre événement extraordinaire se produisit. Cette fois, c'est Jo Ann qui parla.

« Larry, dit-elle. Je veux te remercier d'être allé travailler et d'avoir pourvu à nos besoins pendant toutes ces années. Je pense que je ne t'ai jamais dit à quel point je l'appréciais. »

Malgré l'insistance de Jo Ann, Larry n'a jamais révélé la raison de son brusque changement de comportement, et cela restera donc l'un des petits mystères de l'existence. Mais c'est un mystère dont je m'accommode avec plaisir.

C'est que Jo Ann, voyez-vous, c'est moi.

Jo Ann Larsen

Carpe diem !

Un brillant exemple du pouvoir transformateur d'une expression libre et courageuse nous est donné par John Keating, le professeur qu'interprète Robin Williams dans le film *Le Cercle des poètes disparus*. Dans ce film magnifique, Keating prend en main un groupe d'élèves enrégimentés, collet monté et spirituellement impuissants à qui il inspire peu à peu le désir de faire de leur vie quelque chose d'extraordinaire.

Ces jeunes hommes, comme Keating ne manque pas de le faire remarquer, ont oublié jusqu'à leurs rêves et leurs ambitions. Ils se conforment automatiquement aux plans de carrière et de vie que leurs parents ont établi pour eux. Ils pensent devenir docteurs, avocats et banquiers parce que leurs parents leur ont dit qu'il en serait ainsi. Mais ces pauvres garçons n'ont pratiquement pas réfléchi à ce qu'ils feraient s'ils écoutaient leur coeur.

L'une des premières scènes du film nous montre Keating conduisant les garçons dans le hall du collège jusqu'au meuble vitré où sont exposées les photos des anciennes classes de finissants. « Regardez ces photos, les garçons, dit Keating aux élèves. Les jeunes hommes que vous voyez là étaient comme vous, ils avaient le même feu dans les yeux. Ils pensaient conquérir le monde et faire de leur vie une aventure magnifique. C'était il y a 70 ans. Maintenant ils mangent tous les pissenlits par la racine. Combien d'entre eux ont vraiment réalisé leurs rêves ? Ont-ils atteint les buts qu'ils s'étaient fixés ? » Alors monsieur Keating se penche au milieu du groupe de collégiens et murmure d'une voix distincte : « *Carpe Diem !* Saisissez l'instant présent ! »

Au début, les élèves ne savent pas quoi penser de cet étrange professeur. Mais ils comprennent vite l'importance de ses paroles. Ils en viennent à respecter et à révérer monsieur Keating, qui leur a donné une nouvelle vision — ou redonné leur vision originale.

> *Nous sommes tous porteurs d'une sorte de carte de souhaits que nous aimerions offrir — une expression personnelle de joie, de créativité ou de vitalité que nous tenons cachée sous le manteau.*

Un des personnages du film, Knox Overstreet, tombe follement amoureux d'une très belle fille. Le hic, c'est qu'elle est déjà l'amie d'un des sportifs les plus en vue de la ville. Knox est épris de cette adorable créature jusqu'à en perdre la boule, mais il n'a pas le courage d'aller lui parler. Puis il se souvient du conseil de monsieur Keating : « Saisissez l'instant présent ! » Knox se rend compte qu'il ne pourra pas toujours se contenter de rêver — s'il veut cette fille, il va falloir tôt ou tard qu'il passe à l'action. Et il le fait. Avec beaucoup de courage et de poésie, il lui déclare ses sentiments les plus tendres. En cours de route, il se fait rabrouer par la jeune fille, écraser le nez par son ami, et il se met dans toutes sortes de situations embarrassantes. Mais Knox n'a pas l'intention d'abandonner, et il continue de poursuivre la femme de ses rêves. À la fin, elle reconnaît la sincérité de son amour et lui offre son coeur. Bien que Knox ne soit pas spécialement beau ou charmeur, la fille est séduite par la pureté de ses intentions. Il a fait de sa vie une chose extraordinaire.

J'ai moi-même eu l'occasion de m'exercer à saisir l'instant présent. Je suis tombé amoureux d'une jolie fille rencontrée dans une animalerie. Elle était plus jeune que moi, elle avait un style de vie complètement différent du mien et nous n'avions pas grand-chose à nous dire. Mais tout cela m'importait peu. J'aimais être avec elle et je sentais mon coeur battre plus fort en sa présence. Et il me semblait qu'elle aussi aimait être en ma compagnie.

Quand j'ai appris que son anniversaire approchait, j'ai décidé de l'inviter à sortir. Au moment de l'appeler, je me suis assis et j'ai regardé le téléphone pendant environ une demi-heure. Puis j'ai téléphoné et raccroché avant d'entendre la sonnerie. J'étais tout excité, comme un adolescent qui oscille entre le plaisir imaginé et la peur d'être rejeté. Une voix venue de l'enfer me répétait qu'elle ne m'aimerait pas et qu'il fallait être gonflé pour l'inviter à sortir. Mais j'étais trop enthousiaste à l'idée d'être avec elle pour que ces craintes puissent me retenir. Finalement, j'ai trouvé le courage de l'appeler. Elle m'a remercié d'avoir pensé à lui demander mais elle avait déjà quelque chose de prévu pour ce soir-là.

J'étais atterré. La même voix qui m'avait dit de ne pas appeler me disait maintenant d'abandonner avant d'avoir complètement perdu la face. Mais j'étais déterminé à découvrir la nature exacte de cette attraction. Il y avait des choses en moi qui voulaient naître. Je ressentais quelque chose pour cette femme, et il fallait que je l'exprime.

Je suis allé au centre commercial et j'ai d'abord acheté une jolie carte de souhaits dans laquelle j'ai écrit un petit mot poétique. Puis j'ai tourné le coin de l'animalerie où je savais qu'elle devait travailler ce jour-là. En arrivant devant la porte, cette même voix désagréable me dit : « Et si elle ne t'aime pas ? Si elle te rejette ? » Me sentant vulnérable, j'ai caché la carte sous ma chemise. J'ai décidé que si elle me montrait des signes d'affection, je lui donnerais la carte ; et si elle se montrait froide, je la laisserais cachée. De cette façon, je ne risquais rien, ni le rejet ni l'humiliation.

Nous avons parlé pendant un moment mais elle ne donnait aucun signe que j'aurais pu interpréter dans un sens ou dans l'autre. Mal à l'aise, j'ai commencé à préparer ma sortie.

Au moment de sortir, toutefois, une autre voix m'appela. C'était un murmure, assez semblable à celui de monsieur Keating. La voix me dit : « Souviens-toi de Knox Overstreet... *Carpe Diem* ! » J'étais partagé entre le désir d'exprimer mes sentiments et la crainte de mettre mon coeur à nu. Comment puis-je dire aux autres de vivre leur rêve, pensai-je, si je suis incapable de vivre le mien ? Et puis, quelle est la pire chose qui puisse m'arriver ? N'importe quelle femme serait ravie de recevoir une carte de souhaits poétique. J'ai décidé de saisir l'instant présent. En prenant cette décision, j'ai senti le courage couler dans mes veines. J'ai compris que c'était effectivement l'intention qui comptait.

Je me suis senti plus satisfait et plus en paix que je ne l'avais été depuis longtemps... Il fallait que j'apprenne à ouvrir mon coeur et à aimer sans rien demander en retour.

J'ai tiré la carte de sous ma chemise, fait demi-tour, marché jusqu'au comptoir, et lui ai donnée. En lui remettant la carte, je me sentais incroyablement vivant, excité... et effrayé (Fritz Perls dit que la peur est « l'excitation sans la respiration »). Mais je l'avais fait.

Et vous savez quoi ? Elle ne fut pas très impressionnée. Elle m'a dit merci en mettant la carte de côté sans même l'ouvrir. Mon coeur en a pris un coup. J'étais désappointé, désabusé. Qu'elle ne réponde rien semblait encore pire que si elle m'avait envoyé promener.

Je l'ai saluée poliment et suis sorti du magasin. Puis quelque chose d'extraordinaire m'est arrivé. Une sorte d'exaltation. Un sentiment de satisfaction intérieure qui montait en moi et envahissait tout mon être. J'avais exprimé mes sentiments et c'était fantastique ! J'avais dépassé la peur et j'étais entré dans la danse. Oui, j'avais été un peu maladroit, mais je l'avais fait. (« Faites-le en tremblant s'il le faut, mais faites-le ! » disait Emmet Fox.) J'avais mis mon coeur en jeu sans exiger des garanties. Je n'avais pas donné dans l'espoir de recevoir quelque chose. Je lui avais ouvert mon coeur sans espérer une réponse en particulier.

J'ai compris la dynamique requise pour qu'une relation fonctionne : ne jamais cesser d'aimer.

Mon excitation s'est changée en une sorte de béatitude. Je me sentais plus satisfait et plus en paix que je ne l'avais été depuis longtemps. J'ai compris le pourquoi de toute l'expérience : J'avais besoin d'apprendre à ouvrir mon coeur et à aimer sans exiger quelque chose en retour. Cette expérience n'avait pas pour but de nouer une relation avec cette femme. Le but était d'approfondir ma relation avec moi-même. Et je l'avais fait. Monsieur Keating aurait été fier. Mais par-dessus tout, j'étais fier.

Je n'ai presque plus revu la fille depuis, mais cette expérience a changé ma vie. Par cette simple interaction, j'ai compris la dynamique requise pour qu'une relation, et peut-être même pour que le monde entier fonctionne : ne cessez jamais d'aimer.

Nous croyons que nous souffrons quand nous ne sommes pas aimé. Mais ce n'est pas ce qui nous blesse. Notre souffrance commence quand nous-même cessons d'aimer les autres. Nous sommes nés pour aimer. On pourrait dire que nous sommes des machines à aimer divinement créées. Nous fonctionnons à plein régime lorsque nous aimons. Le monde veut nous faire croire que notre bien-être dépend de l'amour que les autres ont pour nous. Mais c'est le genre de raisonnement contre nature qui nous a causé tellement de problèmes. La vérité est que notre bien-être dépend de l'amour que nous avons pour les autres. L'important n'est pas ce qui nous revient ; c'est ce que nous donnons !

Alan Cohen

Je vous connais, vous êtes comme moi !

Stan Dale est l'un de nos meilleurs amis. Stan dirige un séminaire sur l'amour et les relations personnelles appelé Sexe, amour et intimité. Il y a quelques années, parce qu'il voulait savoir comment étaient réellement les gens qui vivaient en Russie, il partit là-bas avec 29 personnes pour un séjour de deux semaines. En lisant le récit qu'il fit de cette expérience dans le bulletin de son association, nous avons été profondément touchés par l'anecdote qui suit :

Dans un parc de la cité industrielle de Kharkov, je remarquai un vieil homme Russe, vétéran de la Deuxième Guerre mondiale. On les reconnaît facilement aux médailles et aux insignes qu'ils arborent encore fièrement sur leurs chemises et vestons. Ils ne le font pas par amour-propre. C'est une façon de rendre hommage à ceux qui ont aidé à sauver la Russie, bien que 20 millions de Russes aient été tués par les nazis. Je me suis approché de ce vieil homme qui était assis avec sa femme et je lui ai dit : « *Droozhba, emir* » (paix et amitié). L'homme me regarda d'un air incrédule, prit le badge que nous avions fait fabriquer pour le voyage (où on lisait le mot « Amitié » en russe et qui montrait deux mains secourables entre lesquelles reposait une carte stylisée des États-Unis et de la Russie) et dit : « *Americanski* ? » Je répondis : « *Da, Americanski. Droozhba, emir.* » Il serra mes deux mains dans les siennes comme si nous étions deux frères depuis trop longtemps séparés et répéta encore une fois : « *Americanski* ! » Cette fois, il y avait de la reconnaissance et de l'amour dans sa voix.

Dans les quelques minutes qui suivirent, sa femme et lui me parlèrent en russe comme si je comprenais chaque mot, et je leur parlai en anglais comme s'ils pouvaient me comprendre. Et vous savez quoi ? Ni l'un ni l'autre ne comprenions le moindre mot, mais il ne fait pas de doute que nous nous entendions parfaitement. Nous nous sommes embrassés, nous avons ri et pleuré, et pendant tout ce temps nous ne cessions de répéter : « *Droozhba, emir, Americanski.* » « Je vous aime, je suis fier d'être dans votre pays, nous ne voulons pas la guerre. *Je vous aime !* »

Après cinq minutes environ nous nous sommes dit au revoir, et notre petit groupe de sept personnes a continué son chemin. Quinze minutes plus tard, et à une bonne distance de là, ce même vieux vétéran nous avait rejoints. Il est venu vers moi, a enlevé sa médaille Lénine (probablement son bien le plus précieux) et l'a épinglée sur mon veston. Ensuite il m'a embrassé sur la bouche et m'a pris dans ses bras de la façon la plus sincère, la plus chaleureuse qui soit. Puis nous avons pleuré tous les deux, nous nous sommes regardés dans les yeux pendant un long moment et finalement nous nous sommes dit « *Dossvedanya* » (au revoir).

L'histoire ci-dessus est symbolique de tout notre voyage de « diplomatie citoyenne » en Russie. Chaque jour, nous rencontrions des centaines de personnes dans les décors les plus ordinaires et les plus extraordinaires. Ni ces Russes ni nous ne serons plus jamais les mêmes. Il y a maintenant des centaines d'écoliers dans les trois écoles primaires que nous avons visitées qui ne seront plus aussi disposés à considérer les Américains comme des gens qui veulent les « atomiser ». Nous avons dansé, chanté et joué avec des enfants de tous les âges, puis nous nous sommes embrassés et avons échangé des cadeaux. Ils nous ont donné des fleurs, des gâteaux, des badges, des peintures, des poupées, mais surtout ils nous ont offert leur coeur et leur ouverture d'esprit.

Plus d'une fois nous avons été invités à des noces, et nul parent biologique n'aurait été accueilli, accepté et fêté plus chaleureusement que nous l'étions. Nous nous prenions dans les bras, nous embrassions, dansions, buvions du champagne, du schnaps et de la vodka avec le marié et la mariée ainsi qu'avec papa et maman et le reste de la famille.

À Kursk, nous fûmes reçus par sept familles russes qui avaient offert de nous faire passer une soirée merveilleuse à manger, à boire et à bavarder. Quatre heures plus tard, personne ne voulait plus partir. Notre groupe a maintenant une toute nouvelle famille en Russie.

Le soir suivant, c'est nous qui avons fêté notre « famille » à notre hôtel. L'orchestre a joué jusqu'à minuit environ, et devinez quoi ? Encore une fois nous avons mangé, bu, parlé, dansé et pleuré quand il a été temps de nous quitter. Nous dansions chaque danse comme si nous étions des amants passionnés, et c'est exactement ce que nous étions.

Je pourrais m'étendre indéfiniment sur nos expériences, et pourtant il n'y aurait pas moyen de vous faire sentir exactement ce que nous ressentions. Comment vous sentiriez-vous si en arrivant à votre hôtel à Moscou il y avait un message téléphonique qui vous attendait, écrit en russe, provenant des bureaux de Mikhaïl Gorbatchev, disant que celui-ci regrettait de ne pouvoir vous rencontrer cette fin de semaine parce qu'il était en déplacement, mais qu'il avait arrangé une rencontre de deux heures entre votre groupe et une demi-douzaine de membres du Comité central ? Nous avons eu une discussion extrêmement franche sur tous les sujets, y compris la sexualité.

Comment vous sentiriez-vous si plus d'une douzaine de vieilles dames portant des babouchkas descendaient les marches de leur immeuble à appartements et vous prenaient dans leurs bras et vous embrassaient ? Comment vous sentiriez-vous si vos guides, Tanya et Natasha, vous disaient à vous et à tout le groupe qu'elles n'avaient jamais vu quelqu'un comme vous ? Et quand nous sommes partis, nous avons pleuré tous les trente parce que nous étions tombés amoureux de ces femmes fabuleuses, et elles de nous. Oui, comment vous sentiriez-vous ? Probablement comme nous.

Chacun d'entre nous a vécu sa propre expérience, bien sûr, mais l'expérience collective témoigne d'une chose sûre et certaine : La seule façon d'établir une paix durable sur cette planète est de traiter le monde entier comme notre propre « famille ». Il va falloir que nous les embrassions, que nous les serrions dans nos bras. Et que nous dansions et jouions avec eux. Et il va falloir que nous nous assoyions et parlions et marchions et pleurions avec eux. Parce qu'alors seulement nous serons à même de constater que oui, en vérité, nous sommes tous beaux, et nous nous complétons tous si admirablement, et chacun est plus pauvre sans l'autre. Alors cette phrase : « Je vous connais, vous êtes comme moi », aurait un autre sens infiniment plus large et plus profond : « C'est *ma famille*, et je lui serai fidèle quoi qu'il arrive ! »

Stan Dale

Le plus gentil besoin

Au moins une fois par jour notre vieux chat noir s'approche de l'un de nous d'une façon tellement particulière que nous en sommes tous venus à l'interpréter comme une demande bien précise. Cela ne veut pas dire qu'il veut qu'on le nourrisse, qu'on le fasse sortir ou quelque chose de ce genre. Ce besoin-là est complètement différent.

S'il y a de la place sur vos genoux, il va sauter dessus ; autrement il va probablement se tenir là avec son petit air mélancolique jusqu'à ce que vous lui en fassiez une. Une fois sur vous, il se met à vibrer avant même que vous ne commenciez à lui flatter le dos, à lui gratter le menton et à lui dire maintes et maintes fois que c'est un bon petit chat. Alors son moteur se met en marche pour de vrai ; il se tortille pour être plus à son aise ; il « fait les grosses pattes ». Une fois de temps en temps un de ses ronrons s'emballe et se change en une sorte de reniflement. Il vous regarde avec de grands yeux pleins d'admiration, puis il vous envoie le long clin d'oeil des chats, suprême marque de confiance.

Après un certain temps, petit à petit, il se calme. S'il se sent en sécurité, il se peut qu'il reste sur vos genoux le temps d'une petite sieste. Mais il se peut tout aussi bien qu'il redescende par terre et retourne vaquer à ses affaires. Qu'il fasse l'un ou l'autre, il est heureux.

Notre fille dit simplement : « Blackie a besoin qu'on le fasse ronronner. »

Dans notre maison, il n'est pas le seul à avoir ce besoin. Je l'ai aussi et ma femme également. Nous savons que ce besoin n'est pas l'apanage de tel ou tel groupe d'âge. Néanmoins, en tant qu'enseignant et parent, je l'associe plus particulièrement aux plus jeunes, avec leurs besoins impulsifs et soudains d'être embrassés, pris sur les genoux, pris par la main, bordés — non pas parce que quelque chose ne va pas mais parce qu'ils sont ainsi faits, tout simplement.

Il y a plusieurs choses que j'aimerais faire pour tous les enfants. Si je pouvais n'en faire qu'une seule, ce serait celle-ci : garantir à chaque enfant, où qu'il soit, au moins un ronron par jour.

Les enfants, comme les chats, ont besoin qu'on leur laisse le temps de ronronner.

Fred T. Wilhelms

Bopsy

Penchée sur le lit d'hôpital, la jeune mère de 26 ans regardait son enfant qui allait bientôt mourir de la leucémie. Bien que son coeur fût rempli de tristesse, elle était aussi capable d'une grande détermination. Comme tout autre parent, elle aurait aimé que son enfant grandisse et réalise ses rêves. Mais ce n'était plus possible. La leucémie ne le permettrait pas. Mais elle voulait quand même que les rêves de son garçon se réalisent.

Elle prit la main de l'enfant et lui dit : « Bopsy, t'es-tu déjà demandé ce que tu aimerais faire quand tu serais grand ? As-tu déjà rêvé et pensé à ce que tu ferais de ta vie ? »

« Maman, j'ai toujours voulu être pompier quand je serais grand. »

La mère sourit et répondit : « Voyons ce qu'on peut faire pour que ton rêve se réalise. » Plus tard ce jour-là elle se rendit à la caserne de pompiers la plus proche où elle rencontra le pompier Bob, un homme qui avait le coeur grand comme la ville de Phoenix. Elle lui parla du rêve de son fils et lui demanda s'il serait possible d'emmener son enfant de six ans faire un tour dans le camion de pompier.

Le pompier Bob répondit : « Attendez, on peut faire

mieux que ça. Arrangez-vous pour que votre fils soit prêt à sept heures mercredi matin et nous en ferons un pompier honoraire pour toute la journée. Il pourra venir à la caserne, manger avec nous, répondre avec nous à toutes les alertes et tout le bataclan ! Et si vous me dites quelle taille il fait, nous lui ferons fabriquer un uniforme et un casque de pompier, un vrai casque avec l'emblème des sapeurs-pompiers de Phoenix dessus, et il pourra mettre un ciré jaune comme les nôtres et des bottes de caoutchouc. Ils sont tous fabriqués ici à Phoenix, alors on peut les obtenir rapidement. »

Trois jours plus tard, le pompier Bob alla chercher Bopsy, l'habilla de son uniforme de pompier et l'escorta de son lit d'hôpital jusqu'au camion à grande échelle qui les attendait. Bopsy s'est assis à l'arrière du camion et quand il a été temps de faire marche arrière pour rentrer au garage, il a aidé le conducteur à diriger le camion. Il était au septième ciel.

Il y eut trois alertes au feu à Phoenix ce jour-là et Bopsy répondit aux trois appels. Il monta sur trois camions différents, dans la camionnette des auxiliaires médicaux et même dans la voiture du capitaine. La télévision locale l'a aussi enregistré sur vidéo pour les nouvelles du soir.

Qu'on l'ait aidé à réaliser son rêve en lui montrant autant d'amour et d'attention l'avait si profondément touché que Bopsy vécut trois mois de plus qu'aucun docteur ne l'aurait cru possible.

Une nuit, tous ses signes vitaux déclinèrent rapidement et l'infirmière en chef, fidèle au concept hospitalier selon lequel personne ne doit jamais mourir seul, téléphona aux membres de la famille de venir à l'hôpital. Puis elle se souvint de la journée que Bopsy avait passée en tant que pompier, alors elle appela le capitaine et lui demanda s'il serait possible d'avoir un pompier en uniforme auprès de Bopsy au moment du passage. Le capitaine répondit : « On peut faire mieux que ça. On sera là dans cinq minutes. Voudriez-vous faire quelque chose pour moi ? Quand vous entendrez les sirènes et verrez les girophares, voudriez-vous prévenir tout le monde qu'il n'y a pas le feu ? Que ce sont les sapeurs-pompiers qui viennent rendre visite à l'un des leurs une dernière fois ? Et pourriez-vous ouvrir les fenêtres de sa chambre ? Merci. »

Environ cinq minutes plus tard, un camion de pompier arrivait à l'hôpital, étendait son échelle jusqu'au troisième étage et 16 pompiers dont 2 femmes montaient à l'échelle et entraient par la fenêtre ouverte dans la chambre de Bopsy. Avec la permission de sa mère, ils le prirent dans leurs bras et l'embrassèrent et lui dirent combien ils l'aimaient.

Dans un dernier souffle, Bopsy regarda le capitaine des pompiers et dit : « Capitaine, je suis vraiment un pompier maintenant ? »

« Oui, Bopsy », répondit le capitaine.

Sur ces mots, Bopsy sourit et ferma les yeux pour la dernière fois.

Jack Canfield et Mark V. Hansen

Chiots à vendre

Un commerçant était en train de clouer une affiche annonçant des « chiots à vendre » au-dessus de sa porte. Des affiches comme celle-là ont le don d'attirer les enfants et, comme par hasard, un petit garçon apparut bientôt sous l'affiche du commerçant. « Combien vendez-vous ces chiots ? » demanda-t-il.

Le commerçant répondit : « Entre 30 et 50 dollars. »

Le petit garçon fouilla dans ses poches et en tira de la petite monnaie. « J'ai deux dollars trente-sept, dit-il. Est-ce que je peux les regarder, s'il vous plaît ? »

Le commerçant sourit et siffla ; du chenil, ils virent sortir Lady, qui accourut vers eux en passant par le couloir du magasin, suivie de cinq petites boules de poils. Un des chiots traînait derrière à une bonne distance. Aussitôt qu'il le vit, le petit garçon montra du doigt le chiot qui boitait derrière les autres : « Qu'est-ce qu'il a celui-là ? »

Le commerçant lui expliqua que le vétérinaire avait examiné le chiot et avait découvert une malformation de la hanche. Il boiterait toujours. Il serait toujours infirme. Le petit garçon devint tout excité. « C'est ce petit chien-là que je veux acheter. »

« Non, dit le commerçant, tu ne veux pas acheter ce

chien. Mais si tu le veux vraiment, alors je vais te le donner. »

Le petit garçon se fâcha. Il regarda le commerçant droit dans les yeux et dit : « Je ne veux pas que vous me le donniez. Ce petit chien vaut aussi cher que les autres et je le paierai plein prix. En fait, je vais vous donner 2,37 $ maintenant et 0,50$ par mois jusqu'à tant qu'il soit à moi. »

Le commerçant répliqua : « Tu ne veux pas vraiment acheter ce petit chien. Il ne sera jamais capable de courir et de sauter et de jouer avec toi comme les autres chiots. »

Sur ce, le petit garçon se pencha, retroussa la jambe de son pantalon et découvrit une jambe gauche affreusement tordue, soutenue par un appareil orthopédique. Il regarda le commerçant et dit doucement : « Eh bien, je ne cours pas très bien moi-même, et le petit chien aura besoin de quelqu'un qui puisse le comprendre ! »

Dan Clark
Weathering the Storm

2

APPRENDRE À S'AIMER SOI-MÊME

Oliver Wendell Holmes assistait un jour à une réunion où il était le plus petit de tous les hommes présents. « Docteur Holmes, blagua un ami, vous devez vous sentir tout petit au milieu de grands hommes comme nous. » « Oui, répondit Holmes, j'ai l'impression d'être un dix sous parmi des pièces de un cent. »

Le Bouddha d'or

Voici mon secret. Il est très simple : on ne voit bien qu'avec le coeur. L'essentiel est invisible pour les yeux.

Antoine de Saint-Exupéry

À l'automne de 1988, les organisateurs d'un congrès à Hong Kong nous avaient invités, ma femme Georgia et moi, à y donner une conférence sur l'estime de soi et l'efficacité maximale. Comme c'était la première fois que nous allions en Extrême-Orient, nous avons décidé de prolonger notre voyage et d'aller visiter la Thaïlande.

En arrivant à Bangkok, nous avons décidé de faire la visite touristique des nombreux temples bouddhiques de la ville. Avec notre interprète et chauffeur, Georgia et moi avons vu plusieurs temples ce jour-là, mais j'avoue qu'après un certain temps ils ont tous commencé à se brouiller dans notre mémoire.

Mais de tous ces temples il y en a un qui a laissé dans notre esprit et dans notre coeur une impression indélébile. On l'appelle le Temple du Bouddha d'or. Le temple lui-même est très petit, il ne fait probablement pas plus que 10 mètres sur 10. Mais dès qu'on y entre, on est stupéfié à la vue d'un bouddha d'or massif mesurant plus de trois mètres. Il pèse plus de 2000 kilos et on estime sa valeur à 196 000 000 $! C'est tout un spectacle — ce bouddha d'or massif qui vous en impose par sa hauteur en même temps qu'il jette sur vous un sourire plein de bonté et de bienveillance.

Tout en m'acquittant de mes devoirs de touriste (photographier la statue sous tous ses angles en poussant des oh ! et des ah ! d'admiration), je me suis approché d'une vitrine où était exposé un morceau d'argile épais d'environ 20 centimètres et large de 30. À côté de la vitrine, un texte dactylographié retraçait l'histoire de cette magnifique oeuvre d'art.

En 1957, un groupe de moines s'était vu confier la tâche de transporter un bouddha d'argile de leur temple à un autre site. Leur monastère devait être déplacé pour permettre la construction d'une autoroute traversant Bangkok. Quand on entreprit de soulever l'idole géante à l'aide d'une grue, son poids était tellement élevé que la statue commença à craquer. De plus, il se mit à pleuvoir. Le moine supérieur, qui s'inquiétait des dommages que la pluie pourrait causer au bouddha sacré, décida de remettre la statue par terre et de la couvrir d'une large bâche pour la protéger.

Plus tard ce soir-là, le moine supérieur alla vérifier l'état du bouddha. Il alluma une lampe de poche et dirigea le faisceau sous la bâche pour voir si le bouddha était resté sec. Quand le faisceau atteignit l'endroit où la statue avait craqué, il vit un petit éclair jaillir sous l'argile et cela lui sembla étrange. En regardant de plus près ce trait de lumière, il lui vint à l'esprit que l'argile cachait peut-être quelque chose. Il alla chercher un ciseau et un marteau au monastère et se mit à fendre l'argile. Au fur et à mesure que tombaient les tessons d'argile, le petit trait de lumière devenait de plus en plus brillant. Plusieurs heures de travail passèrent avant que le moine ne se trouve face à face avec l'extraordinaire bouddha d'or massif.

Les historiens croient que plusieurs siècles avant la découverte du moine supérieur, tandis que l'armée birmane s'apprêtait à envahir la Thaïlande (qu'on appelait alors le Siam), les moines Siamois, conscients de l'imminence de l'attaque, couvrirent leur précieux bouddha d'une couche d'argile afin que leur trésor ne soit pas pillé par les Birmans. Malheureusement, il semble que les Birmans aient massacré tous les moines, et le secret bien gardé du bouddha d'or massif perdura jusqu'à ce jour fatidique de 1957.

Dans l'avion de la Cathay Pacific Airlines qui nous ramenait à la maison, je me suis mis à penser : « Nous sommes tous comme ce bouddha d'argile, couverts d'une carapace solide créée sous l'effet de la peur, et sous laquelle pourtant chacun de nous est un « Bouddha doré », un « Christ doré », une « essence dorée », qui est notre vrai moi. Quelque part en cours de route, entre les âges de deux et neuf ans, nous commençons à couvrir notre « essence dorée », notre moi naturel. À l'instar du moine avec son marteau et son ciseau, notre travail consiste maintenant à redécouvrir notre véritable essence. »

Jack Canfield

Commencez par vous-même

Ce qui suit se trouve sur la tombe d'un évêque anglican (1100 ap. J.-C.) dans les cryptes de l'abbaye de Westminster :

Quand j'étais jeune et libre et doté d'une imagination sans frein, je rêvais de changer le monde. Devenu plus sage avec les années, je compris que le monde ne changerait pas, alors je réduisis quelque peu mes visées et décidai de ne changer que mon pays.

Mais lui aussi semblait immuable.

En approchant de la vieillesse, suprême et désespérée tentative, je décidai de ne changer que ma famille, ceux dont j'étais le plus proche, hélas ! ils ne voulaient rien entendre.

Et maintenant, étendu sur mon lit de mort, je comprends soudain : Si seulement je m'étais changé moi-même, alors à mon exemple ma famille aurait aussi changé.

De leur inspiration et de leur encouragement, j'aurais tiré la force d'améliorer mon pays et, qui sait, j'aurais peut-être même changé le monde.

Anonyme

Rien que la vérité !

David Casstevens du *Dallas Morning News* raconte cette anecdote à propos de Frank Szymanski qui joua au football pour l'équipe de l'université Notre-Dame durant les années quarante, et qui avait été appelé à comparaître comme témoin dans une poursuite au civil à South Bend.

« Faites-vous partie de l'équipe de Notre-Dame cette année ? » demanda le juge.

« Oui, votre honneur. »

« Quelle position ? »

« Centre, votre honneur. »

« Et vous êtes un bon centre ? »

Szymanski se tortilla sur sa chaise, mais répondit avec fermeté : « Monsieur, je suis le meilleur centre que Notre-Dame ait jamais eu. »

L'entraîneur Frank Leahy, qui était dans la salle de tribunal, fut surpris. Szymanski s'était toujours montré modeste et sans prétention. Aussi, lorsque le procès fut terminé, il prit Szymanski à l'écart et lui demanda pourquoi il avait fait une telle déclaration. Szymanski rougit.

« Je déteste faire ça, coach, dit-il, mais je n'avais pas le choix. Après tout, j'avais prêté serment. »

Dallas Morning News

Meilleur en tout

Une casquette de base-ball sur la tête, un bâton et une balle dans les mains, un petit garçon arpentait, en se parlant à lui-même, la cour derrière chez lui.

« Je suis le plus grand joueur de base-ball du monde », dit-il fièrement, puis il lance la balle dans les airs, donne un grand coup de bâton et rate la balle. Nullement ébranlé, il ramasse la balle et la relance dans les airs en disant : « Je suis le meilleur joueur de tous les temps. » Il essaie de frapper la balle et la rate encore. Il fait une pause, examine soigneusement balle et bâton. Puis il lance encore une fois la balle dans les airs en disant : « Je suis le plus grand joueur de base-ball que le monde ait connu. » Il frappe de toutes ses forces et rate encore la balle.

« Hé ! s'exclame-t-il. Quel lanceur ! »

Source inconnue

Un petit enfant faisait un dessin et son instituteur lui dit :
« C'est intéressant. Parle-moi de ton dessin. »
« C'est le portrait de Dieu. »
« Mais on ne sait pas à quoi ressemble Dieu. »
« On va le savoir quand j'aurai fini. »

Ma déclaration d'estime de moi

Je suis moi et cela me suffit si je le suis ouvertement.

Carl Rogers

J'ai écrit ce qui suit en réponse à la question d'une jeune fille de 15 ans : « Comment puis-je me préparer à vivre une vie riche et satisfaisante ? »

Je suis moi.

Dans le monde entier, il n'y a personne qui soit exactement comme moi. Il y a des gens qui me ressemblent sur certains points mais personne n'est en tous points exactement comme moi. Par conséquent, toute chose qui sort de moi est authentiquement mienne parce que moi seule ai fait ce choix.

M'appartient tout ce qui se rapporte à moi : mon corps et tout ce qu'il fait ; mon esprit, toutes mes idées et toutes mes pensées ; mes yeux et les images de tout ce qu'ils voient ; mes émotions quelles qu'elles soient : colère, joie, frustration, amour, désappointement, excitation ; ma bouche et tous les mots qui en sortent : polis, doux ou durs, corrects ou incorrects ; ma voix, douce ou forte ; et toutes mes actions, que ce soit envers moi ou envers les autres.

M'appartiennent tous mes fantasmes, mes rêves, mes espoirs, mes peurs.

M'appartiennent tous mes triomphes et tous mes succès, tous mes échecs et toutes mes erreurs.

Parce que je m'appartiens totalement, je peux faire plus ample connaissance avec moi-même. Ce faisant, je peux m'aimer et me lier d'amitié avec toutes les parties de moi. Je peux alors faire en sorte que toute ma personne travaille dans mon intérêt.

Je sais qu'il y a des aspects de moi qui me rendent perplexe, et d'autres aspects que je ne connais pas. Mais tant et aussi longtemps que je serai aimable et bonne avec moi-même, je continuerai de chercher avec courage et espoir les pièces qui manquent à mon casse-tête, et qui m'aideront à me connaître davantage.

Quelles que soient mon apparence et ma voix, quoi que je dise ou fasse, et quoi que je pense ou ressente à n'importe quel moment dans le temps, c'est toujours moi. C'est le moi authentique et cela représente où j'en suis à ce moment précis de ma vie.

Quand je repenserai plus tard à mon apparence et à ma voix, à ce que j'aurai dit ou fait, senti ou pensé, il se peut que certaines parties s'avèrent incorrectes. Je peux me défaire de ce qui est incorrect et conserver ce qui s'est avéré correct, et inventer quelque chose de nouveau pour remplacer ce dont je me suis défait.

Je peux voir, entendre, sentir, penser, dire et faire.

J'ai tout ce qu'il faut pour survivre, pour me rapprocher des autres, pour produire, pour donner un sens et un but au monde de personnes et de choses qui existe en dehors de moi.

Je m'appartiens, donc je peux me construire.

Je suis moi et je suis O.K.

Virginia Satir

La vagabonde

Elle passait ses nuits au Bureau de poste de la Cinquième rue. Je pouvais la sentir avant d'avoir tourné le coin où elle avait l'habitude de dormir, debout, dans l'entrée près des téléphones publics. Je sentais l'urine qui suintait à travers ses couches de vêtements sales et l'odeur de putréfaction qui émanait de sa bouche presque complètement édentée. Si elle ne dormait pas, elle marmonnait des bribes de phrases incompréhensibles.

Maintenant ils ferment le bureau de poste à six heures pour que les vagabonds ne puissent pas rentrer, alors elle se roule en boule sur le trottoir sans cesser de se parler à elle-même, sa bouche grande ouverte et comme désarticulée, son odeur diminuée par une douce brise.

Un soir d'Action de grâces, il nous restait tellement de nourriture après le repas que j'ai emballé les restes, me suis excusée auprès des autres et suis allée en voiture jusqu'à la Cinquième rue.

C'était une nuit glaciale. Les feuilles tourbillonnaient et les rues étaient presque désertes, tout le monde bien au chaud dans une maison ou dans un abri sauf quelques déshérités. Mais je savais que je la trouverais là.

Elle était vêtue comme elle l'était toujours, même en été : les chaudes couches de laine dissimulant son vieux corps voûté. Ses mains osseuses cramponnées à son précieux chariot d'épicerie. Elle s'était installée près d'une clôture métallique en face du terrain de jeu jouxtant le bureau de poste. « Pourquoi n'a-t-elle pas choisi un endroit mieux protégé du vent ? » Je pensais, et présumais qu'elle était si folle qu'elle n'avait pas pensé à s'engouffrer dans une entrée.

J'ai garé ma belle voiture lustrée contre le trottoir, baissé ma vitre et dit : « Maman... voudriez-vous... », moi-même étonnée de m'entendre dire ce mot, « maman ». Mais d'une certaine façon elle l'était... elle l'est... bien que je ne puisse pas me l'expliquer.

J'ai répété : « Maman, je vous ai apporté de la nourriture. Voulez-vous de la dinde avec de la farce et de la tarte aux pommes ? »

Sur ces mots, la vieille femme me regarda et dit très clairement et très distinctement, ses deux dents du bas branlantes et sur le point de tomber : « Oh, merci beaucoup, mais j'ai assez mangé. Pourquoi n'allez-vous pas donner ça à quelqu'un qui en a vraiment besoin ? » Ses mots étaient clairs, ses manières gracieuses. Puis elle me congédia, en renfonçant la tête dans ses guenilles.

Bobbie Probstein

Les règles du jeu de la vie

1. **Vous recevrez un corps.**
   Vous pouvez l'aimer ou le détester, mais ce sera le vôtre pour toute la durée de cette vie.
2. **Vous apprendrez des leçons.**
   Vous êtes étudiant à plein temps à l'école informelle de la Vie. Chaque jour dans cette école, vous aurez l'occasion d'apprendre des leçons. Vous pouvez aimer ces leçons ou les juger inutiles et stupides.
3. **Il n'y a pas d'erreurs, que des leçons.**
   Votre croissance sera faite d'échecs et de réussites : Expérimentez. Les expériences « échouées » font tout autant partie du processus de croissance que celles qui finissent par « réussir ».
4. **Une leçon sera répétée jusqu'à ce qu'elle soit apprise.**
   Une même leçon vous sera présentée de diverses manières jusqu'au jour où vous l'aurez comprise. Quand vous l'avez apprise, vous pouvez avancer à la leçon suivante.
5. **On n'arrête jamais d'apprendre.**
   Il n'y a pas d'âge de la vie qui ne renferme ses

leçons. Si vous êtes vivant, vous avez des leçons à apprendre.

6. **« Là-bas » n'est pas meilleur qu'« ici ».**
Quand votre « là-bas » sera devenu l'« ici », vous obtiendrez simplement un autre « là-bas » qui lui aussi vous paraîtra meilleur qu'« ici ».

7. **Les autres sont un miroir de vous.**
Vous ne pouvez pas aimer ou détester quelque chose chez une autre personne à moins que ce quelque chose ne soit le reflet d'une partie de vous-même que vous aimez ou détestez.

8. **C'est à vous de décider ce que vous faites de votre vie.**
Vous avez tous les outils et toutes les ressources nécessaires. Ce que vous en faites est votre affaire. À vous de choisir.

9. **Vos réponses reposent en vous.**
Les réponses aux questions que pose la Vie sont en vous. Vous n'avez qu'à regarder, écouter, faire confiance.

10. **Vous oublierez tout cela.**

11. **Vous pouvez vous en souvenir quand vous voulez.**

Anonyme

3

SUR LA FAMILLE

Peut-être le plus grand service qu'un individu puisse rendre au pays et à la race humaine est d'élever sa famille.

George Bernard Shaw

Les enfants apprennent du milieu où ils vivent

Les enfants qui vivent parmi les critiques
apprennent à condamner.

Les enfants qui vivent dans un climat d'hostilité
apprennent à se battre.

Les enfants qui vivent dans la peur
apprennent à être craintifs.

Les enfants qui vivent dans le ressentiment
apprennent à se prendre en pitié.

Les enfants qui vivent parmi les moqueries
apprennent à être timides.

Les enfants qui vivent dans un climat de jalousie
apprennent ce qu'est l'envie.

Les enfants qui vivent dans la honte
apprennent à se sentir coupables.

Les enfants qui vivent dans un climat de tolérance
apprennent à être patients.

Les enfants qui vivent parmi les encouragements
apprennent à être confiants.

Les enfants qui vivent parmi les compliments
apprennent à apprécier ce qui les entoure.

Les enfants qui vivent dans la dignité
apprennent à s'aimer eux-mêmes.

Les enfants qui vivent dans l'harmonie
apprennent à trouver l'amour dans le monde.

Les enfants qui vivent dans la fierté
apprennent à se fixer des buts.

Les enfants qui vivent dans le partage
apprennent à être généreux.

Les enfants qui vivent dans l'honnêteté et l'équité
apprennent la vérité et la justice.

Les enfants qui vivent dans une atmosphère sécurisante
apprennent à avoir foi en eux-mêmes
et confiance en autrui.

Les enfants qui vivent dans le bonheur
apprennent que le monde est un
endroit où il fait bon vivre.

Les enfants qui vivent dans la sérénité
apprennent ce qu'est la paix d'esprit.

Dans quoi vos enfants vivent-ils ?

Dorothy L. Nolte

Pourquoi j'ai choisi mon père comme papa

J'ai grandi dans une ferme immense dans l'Iowa, élevée par des parents dont on a souvent dit qu'ils étaient « le sel de la terre et le pivot de la communauté ». Ils étaient tout ce que de bons parents sont censés être : affectueux, dévoués et soucieux d'élever leurs enfants avec une image positive d'eux-mêmes et le désir de réussir leur vie. Ils entendaient que nous prenions le train matin et soir, que nous arrivions à l'école à l'heure, que nous ayons de bonnes notes et que nous soyons de bonnes personnes.

Nous sommes six enfants. *Six* ! Cela n'a jamais été dans mes idées que nous soyons si nombreux, mais il est vrai qu'on ne m'a jamais demandé mon avis. De plus, le destin a voulu que je naisse au coeur de l'Amérique profonde, dans un climat des plus durs et des plus froids. Comme tous les enfants, je croyais qu'il y avait eu une grave erreur et que j'avais été placée dans la mauvaise famille — très certainement dans le mauvais État. Je détestais d'avoir à composer avec les éléments. Les hivers en Iowa sont tellement froids qu'il faut faire des rondes la nuit pour s'assurer que les bêtes n'ont pas échoué dans quelque endroit où elles pourraient mourir de froid. Il faut transporter les nouveaux-nés dans la grange et parfois même les réchauffer durant la nuit pour les maintenir en vie. Les hivers sont si froids que ça dans l'Iowa !

Mon père, un homme incroyablement beau, fort, charismatique et énergique, était toujours en mouvement. Mes frères et soeurs et moi étions remplis d'admiration pour lui. Nous le traitions avec respect et le tenions dans la plus haute estime. Maintenant je comprends pourquoi. Il n'y avait aucune inconsistance dans sa vie. C'était un homme honorable, qui avait des principes. L'agriculture, métier qu'il avait choisi, était sa passion ; c'était le meilleur. Avec les animaux, l'élevage et les soins, il était dans son élément. Il ne faisait qu'un avec la terre et tirait une grande fierté du travail des semences et des récoltes. Il refusait de chasser quand ce n'était pas la saison, même si nos terres abondaient en chevreuils, faisans, cailles et autres gibiers. Il refusait d'utiliser des engrais chimiques et de nourrir les animaux avec autre chose que des grains naturels. Il nous apprenait pourquoi il faisait cela et pourquoi nous devions embrasser les mêmes idéaux. Aujourd'hui je me rends compte combien il était consciencieux parce que cela se passait au milieu des années cinquante, soit bien avant que la protection de l'environnement ne fasse l'objet d'un effort concerté à l'échelle de la planète.

Papa était aussi un homme extrêmement impatient, mais pas au milieu de la nuit quand il allait inspecter ses animaux. La relation que nous avons nouée tous les deux durant ces rondes nocturnes est tout simplement inoubliable. Cela a eu une influence décisive sur le reste de ma vie. J'ai appris tant de choses *sur* lui. J'entends souvent des hommes et des femmes dirent qu'ils ont passé trop peu de temps avec leur père. En effet, le phénomène actuel des groupes de soutien réservés aux hommes répond chez eux au besoin de renouer avec le père qu'ils n'ont jamais vraiment connu. Je connaissais le mien.

À l'époque je pensais qu'il me considérait secrètement comme sa préférée, mais il est bien possible que les six enfants aient eu la même impression. Ce qui est à la fois une bonne et une mauvaise chose. La mauvaise, c'est que j'étais celle que papa choisissait pour l'accompagner à l'étable nuit et matin dans ses rondes de surveillance, et je détestais souverainement d'avoir à quitter la chaleur de mon lit pour sortir dans l'air glacial. Mais mon père n'était jamais plus en forme ni plus adorable qu'en ces occasions-là. Il était compréhensif, patient, bon, et il savait m'écouter. Sa voix était douce et son sourire me faisait comprendre la passion que ma mère avait pour lui.

C'est durant ces moments-là qu'il montrait vraiment tous ses dons de pédagogue — concentrant toujours son attention sur le pourquoi, sur la raison de telle ou telle manière d'agir. Il parlait durant toute l'heure ou l'heure et demie qu'il fallait pour faire la ronde. Il parlait de ses expériences de guerre, de la région où il avait servi et de ses gens, des causes, des séquelles et des conséquences de cette guerre. Maintes et maintes fois il m'a raconté son histoire. À l'école, l'histoire était devenue une matière qui me plaisait d'autant plus qu'elle m'était familière.

Il parlait de ce qu'il avait gardé de ses voyages et m'expliquait pourquoi il était si important de voir le monde. Il a instillé en moi le désir et le besoin de voyager. J'avais déjà visité ou travaillé dans une trentaine de pays avant l'âge de 30 ans.

Il parlait du besoin et du plaisir d'apprendre et il me rappelait l'importance de mon éducation scolaire. Il parlait de la différence entre l'intelligence et la sagesse. Il voulait tant que je continue après mon diplôme d'études secondaires. « Tu peux le faire, répétait-il sans cesse. Tu es une Burres. Tu es intelligente, tu as une bonne tête et, souviens-toi, tu es une Burres. » Il n'était pas question que je le déçoive. J'avais plus que la confiance nécessaire pour m'attaquer à n'importe quel cours ou matière. J'ai fini par compléter un Ph.D. et plus tard j'ai obtenu un deuxième doctorat. Quoique le premier doctorat fût pour papa et le second pour moi, il y avait certainement chez moi une soif de connaître et de réussir qui les a rendus faciles à obtenir.

Il parlait de principes et de valeurs, m'expliquait comment on acquiert et développe une force de caractère et comment cela peut être utile au cours d'une vie. J'écris et dirige un séminaire sur un thème similaire. Il parlait des circonstances, de celles qu'il faut examiner avant de prendre une décision, de celles dans lesquelles il vaut mieux laisser tomber et des autres où il faut persévérer, même dans l'adversité. Il parlait du concept de *l'être et du devenir*, par opposition à *l'avoir et obtenir*. J'emploie encore cette phrase : « Ne trahis jamais ton propre coeur », disait-il. Il me parlait d'instincts, m'apprenait à les déchiffrer pour éviter de me tromper moi-même et d'être trompée par les autres. Il disait : « Écoute toujours ton instinct et sache que toutes les réponses dont tu auras jamais besoin reposent en toi. Réserve-toi des moments de solitude. Reste seule assez longtemps pour trouver les réponses en toi, puis agis selon ta conscience. Trouve quelque chose qui te passionne, puis mène une vie passionnée. Tes buts devraient dériver de tes valeurs, et ton travail, traduire les aspirations de ton coeur. Cela t'évitera toutes les distractions futiles qui ne serviraient qu'à te faire perdre du temps ; et ta vie est une affaire de temps : le temps qui t'est donné et ce que tu en fais. Aime ton prochain, disait-il, et respecte toujours ta mère la Terre. Où que tu vives, assure-toi d'avoir pleine vue sur les arbres, le ciel et la terre. »

Mon père. Quand je pense à l'amour et au respect qu'il avait pour ses enfants, je suis sincèrement désolée pour les jeunes qui ne connaîtront jamais leur père comme j'ai connu le mien ou qui ne verront jamais réunies en une seule personne la force de caractère, l'éthique, la volonté et la sensibilité — comme je l'ai vu chez le mien. Mon père prêchait par l'exemple. Et j'ai toujours su qu'il me prenait au sérieux. Je savais qu'il m'estimait, et il voulait que je sois consciente de ma propre valeur.

Pour moi, le message de mon père avait du sens

parce que je ne voyais pas de contradiction dans sa façon de vivre. Il avait réfléchi à sa vie et il la vivait au jour le jour. Il a acheté plusieurs fermes au fil des ans (il est aussi actif maintenant qu'à l'époque). Il s'est marié et a aimé la même femme toute sa vie. Ma mère et lui, maintenant mariés depuis près de 50 ans, sont encore d'inséparables tourtereaux. Ce sont les plus grands amants que j'aie connus. Et il aimait tellement sa famille. Je pensais qu'il couvait et surprotégeait ses enfants, mais maintenant que je suis mère je peux comprendre ces besoins et je sais ce qu'ils représentent. Bien qu'il ait cru pouvoir nous sauver et ait presque réussi à nous sauver de la varicelle, il a toujours refusé de nous perdre à des vices destructeurs. Je vois aussi combien il était déterminé à faire de nous des adultes responsables et consciencieux.

Encore aujourd'hui, cinq de ses six enfants habitent à quelques kilomètres de chez lui, et ils ont adopté un style de vie semblable au sien. Ce sont des parents, des maris et des épouses dévoués, et l'agriculture est aussi leur métier. Ils sont sans aucun doute le pivot de leur communauté. Toutefois une chose a changé, et je soupçonne que ces rondes nocturnes qu'il m'emmenait faire avec lui en sont la cause. J'ai pris une direction différente de celle qu'ont suivie les cinq autres enfants. Je me suis fait une carrière d'abord en tant qu'éducatrice, conseillère et professeur d'université, puis j'ai écrit plusieurs livres afin de partager ce que j'avais appris sur l'importance qu'il faut accorder à l'estime de soi des enfants durant leurs années d'apprentissage.

Les valeurs que je transmets à ma fille sont à peu de chose près celles que j'ai apprises de mon père, conjuguées bien sûr avec mes propres expériences de vie. Mais le message est le même.

Il faut que je vous parle un peu de ma fille. C'est un garçon manqué, une belle athlète de un mètre quatre-vingts qui s'adonne à trois sports chaque année, s'inquiète de ses résultats scolaires, et vient d'être nommée finaliste au concours *Miss Teen California.* Mais ce ne sont pas ses accomplissements ou ses qualités extérieures qui me rappellent mes parents. Les gens me disent tout le temps que ma fille possède une grande bonté, une spiritualité, une flamme profonde qui irradie vers l'extérieur. L'esprit de mes parents s'est incarné dans leur petite-fille.

Nous leur sommes tous redevables d'avoir été des parents dévoués qui estimaient leurs enfants, mais j'aime à croire qu'ils en sont récompensés par l'effet bénéfique que nous avons sur leur vie. Au moment où j'écris ces lignes, mon père est à l'Institut cardiologique Mayo de Rochester, Minnesota, où il doit subir (en consultation externe) une batterie de tests qui prendront six à huit jours. On est en décembre. Parce que l'hiver est dur, il a loué une chambre dans un hôtel près de l'Institut. Obligée de retourner à la maison, ma mère n'a pu être avec lui que durant les premières journées. Aussi la veille de Noël, ils étaient séparés.

Ce soir-là, j'ai d'abord appelé mon père à Rochester pour lui souhaiter un joyeux Noël. Il m'a paru triste et découragé. Puis j'ai appelé ma mère en Iowa. Elle était triste et morose. « C'est la première fois que ton père et moi ne passons pas les fêtes ensemble, se plaignait-elle. Ce n'est pas Noël sans lui. »

J'avais du monde à dîner, 14 personnes qui arriveraient bientôt pour faire la fête. Je suis retournée à la cuisine mais je n'arrivais pas à chasser complètement de mon esprit le dilemme dans lequel se trouvaient mes parents, et j'ai appelé l'aînée de mes soeurs. Elle appela mes frères. Nous avons tenu une conférence téléphonique. Déterminés à ce que nos parents ne passent pas la veille de Noël l'un sans l'autre, nous avons décidé que mon frère cadet ferait les deux heures de route jusqu'à Rochester et ramènerait mon père à la maison sans le dire à ma mère. J'ai appelé mon père pour l'informer de nos plans. « Oh non ! dit-il. Ce serait beaucoup trop dangereux de prendre la route cette nuit. » Mon frère arriva à Rochester et frappa à la porte de sa chambre d'hôtel. Il m'appela de la chambre pour me dire que papa ne voulait pas y aller. « Il faut que tu lui dises, Bobbie. Il va t'écouter, toi. »

« Fais-le, papa », lui ai-je dit gentiment.

Il l'a fait. Tim et mon père partirent pour l'Iowa. Nous autres enfants pouvions nous tenir au courant de leur progression, de l'allure du voyage et du temps qu'il faisait grâce au téléphone cellulaire dans la voiture de mon frère. À cette heure-là, tous mes invités étaient arrivés et faisaient partie de l'aventure. Chaque fois que le téléphone sonnait, nous utilisions le haut-parleur de façon à ce que tout le monde puisse entendre les dernières nouvelles ! Il était un peu passé neuf heures quand le téléphone sonna et c'était papa qui m'appelait de la voiture. « Bobbie, je ne peux pas arriver à la maison sans un cadeau pour ta mère ! Ce serait la première fois en 50 ans que je ne lui apporte pas du parfum pour Noël ! » Tous mes invités participèrent à l'élaboration du plan. Nous avons appelé ma soeur qui s'est chargée de trouver les noms des centres commerciaux des environs de Rochester où mon père pourrait aller acheter le seul cadeau de Noël qu'il saurait donner à ma mère : le même parfum chaque année.

À 9 h 52 ce soir-là, mon père et mon frère quittaient un petit centre commercial du Minnesota et repartaient pour la maison. À 11 h 50, la voiture s'engageait dans l'allée de la ferme. Mon père, pris de fou rire, excité comme un enfant, tourna le coin de la maison et se cacha dans l'obscurité.

« Maman, j'ai été voir papa aujourd'hui et il m'a dit de t'apporter son linge sale », dit mon frère à ma mère en lui donnant la valise.

« Oh ! dit-elle doucement et tristement. Je m'ennuie tellement de lui, je crois que je vais faire ça tout de suite. »

Et mon père, en sortant de l'ombre : « Oh, tu n'auras pas le temps de faire ça ce soir. »

Après que mon frère m'eut appelé pour me raconter cette scène touchante entre nos parents — ces deux amis et amants —, j'ai appelé ma mère. « Joyeux Noël, maman ! »

« Oh, vous autres !... » dit-elle avec des larmes dans

la voix. Elle fut incapable de continuer. Mes invités applaudirent.

Même s'il y avait entre nous plus de 3000 kilomètres de distance, ce fut l'un des plus beaux Noël que j'aie vécu avec mes parents. Et jusqu'à ce jour, bien sûr, mes parents n'ont jamais été séparés la veille de Noël. Parce qu'ils ont des enfants qui aiment et honorent leurs parents et, bien sûr, parce qu'ils forment un couple merveilleusement solidaire.

« De bons parents, me dit un jour Jonas Salk, donnent à leurs enfants des racines et des ailes. Des racines pour savoir où est leur chez-soi, des ailes pour s'envoler et mettre en pratique ce qu'on leur a appris. » Si l'héritage des parents réside dans la capacité des enfants à donner un sens à leur vie, en plus d'avoir un nid où ils se sentiront toujours en sécurité et seront toujours les bienvenus, alors je crois que j'ai bien choisi mes parents. C'est à Noël de l'an passé que j'ai vraiment compris pourquoi il était nécessaire que ces deux personnes soient mes parents. Bien que des ailes m'aient permis de faire le tour de la terre, pour finalement me poser et faire mon nid dans la belle Californie, les racines que mes parents m'ont données constitueront à jamais la plus solide et la plus durable fondation de ma vie.

Bettie B. Youngs

L'école des animaux

Il était une fois des animaux qui s'avisèrent qu'il était temps de prendre les grands moyens pour résoudre les problèmes « d'un monde nouveau ». Aussi décidèrent-ils de fonder une école.

Ils adoptèrent un programme d'études comprenant quatre matières : la course, la grimpée, la nage et le vol. Pour faciliter l'administration d'un tel programme, tous les animaux devaient suivre tous les cours.

Le canard était très fort en natation, était même meilleur nageur que son professeur, mais ses notes étaient à peine passables en vol et franchement mauvaises en course. Puisqu'il était lent en course, on le fit rester après l'école et on le força même à abandonner la natation pour qu'il puisse s'exercer à courir. Cela dura si longtemps que ses pattes palmées finirent par s'user et qu'il devint tout juste moyen en natation. Mais dans cette école on acceptait la moyenne, alors personne ne s'en inquiéta sauf le canard.

Le lapin était le meilleur coureur de sa classe, mais il fit une dépression nerveuse causée par tout le travail de rattrapage qu'on lui faisait faire en natation.

L'écureuil excellait à grimper mais son inaptitude à voler le frustrait terriblement. Il faut dire que ses professeurs, au lieu de le faire voler du haut en bas des arbres, le faisaient partir d'en bas. À force de s'étirer pour prendre son envol, il s'est blessé à l'aine et ses notes ont baissé sous la moyenne en grimpée et en course.

L'aigle était un enfant difficile qu'il a fallu discipliner sévèrement. Au cours de grimpée, il était toujours le premier rendu au sommet des arbres, mais il s'obstinait à voler au lieu de grimper comme les autres.

À la fin de l'année scolaire, une anguille surdouée qui nageait exceptionnellement bien, qui pouvait aussi courir, grimper et voler un peu, obtint les meilleures notes et le prix d'excellence.

Les chiens de prairie faisaient l'école buissonnière et s'opposaient au prélèvement de la taxe scolaire parce que l'administration refusait d'ajouter un cours de creusage et enfouissement au programme. Ils mirent leurs petits en apprentissage chez un blaireau et plus tard se joignirent aux marmottes et aux belettes avec qui ils fondèrent leur propre école privée.

Cette fable a-t-elle une morale ?

George H. Reavis

Touchée

C'est ma fille et la voilà plongée dans le tourbillon de ses 16 ans. À peine remise d'une maladie, elle apprenait récemment que sa meilleure amie allait bientôt déménager dans une autre ville. Les choses ne vont pas aussi bien qu'elle l'aurait voulu à l'école, et pas aussi bien que sa mère et moi l'aurions voulu non plus. Elle respire la tristesse quand elle se pelotonne dans son lit, s'enroule dans ses couvertures à la recherche du confort. J'aimerais pouvoir extirper avec mes mains toute cette détresse qui a pris racine dans son jeune esprit. Mais j'ai beau l'aimer et vouloir de tout mon coeur la rendre heureuse, je sais qu'il faut agir avec prudence.

En tant que thérapeute familial, je suis bien informé sur les dangers d'une trop grande intimité entre père et fille, surtout par des patientes dont les vies furent brisées par l'inceste. Je suis aussi conscient de la facilité avec laquelle l'affection et l'attachement peuvent être sexualisés, particulièrement chez les hommes pour qui le champ des émotions n'est pas un terrain familier et qui ont tendance à voir dans toute manifestation d'affection un signe d'attirance sexuelle. Comme c'était facile de la prendre dans mes bras quand elle avait deux, trois ou sept ans ! Mais maintenant son corps, notre société et ma masculinité, tout semble conspirer à m'empêcher de réconforter ma fille. Comment pouvais-je la réconforter tout en respectant les limites qui s'imposent entre un père et sa fille adolescente ? Je lui ai proposé un massage. Elle a accepté.

Tout en massant doucement son dos osseux et ses épaules tendues, je me suis excusé d'avoir été absent ces derniers temps. Je lui ai dit que je revenais de participer à la finale du concours international des masseurs de dos, où j'avais terminé quatrième. Je lui affirmai que dans ce domaine un bon père de famille était difficile à battre, surtout si c'est un bon père de famille masseur de dos de renommée internationale. Je lui ai tout raconté à propos du concours et des autres participants pendant que mes mains et mes doigts cherchaient à assouplir ses muscles et à dénouer les tensions de sa jeune vie.

Je lui ai parlé du vieil asiatique ratatiné qui avait terminé troisième. Après avoir étudié l'acupuncture et l'acupressing toute sa vie, il arrivait à concentrer toutes ses énergies dans ses doigts, élevant ainsi le massage du dos au rang des beaux-arts. « Il pointait et poussait avec une précision de prestidigitateur », dis-je en lui donnant un exemple de ce que le vieil homme m'avait appris. Elle émit un grognement, mais je ne savais pas si c'était en réponse à mon allitération ou à mon manque de doigté. Ensuite je lui ai parlé de la femme qui avait terminé deuxième. Elle venait de Turquie et pratiquait depuis l'enfance l'art de la danse du ventre, aussi arrivait-elle à imprimer aux muscles des ondulations et des mouvements souples et ondoyants. Par le massage, ses doigts parvenaient à réveiller dans des muscles fatigués et des corps usés le désir de vibrer, de bouger et de danser. « Elle laissait marcher ses doigts et les muscles suivaient derrière », dis-je, avec démonstration à l'appui.

« Bizarre », dit-elle d'une voix étouffée par l'oreiller. Ma blague ou ma démonstration ?

Puis j'ai continué à lui masser le dos sans dire un mot. Au bout d'un certain temps, elle demanda : « Qui a terminé premier ? »

« Tu ne le croiras jamais ! dis-je. C'est un bébé ! »

Et je lui expliquai que les attouchements tendres et confiants d'un petit enfant qui explore un monde nouveau de peau, d'odeur, de goût, étaient à nul autre pareils. Plus doux que doux. Imprévisibles, légers, curieux. Des petites mains qui en disent plus long que tous les mots. Sur l'appartenance. Sur la confiance. Sur l'amour. Sur l'innocence. Et alors je l'ai touchée doucement comme l'enfant m'avait appris. Je me rappelle très bien sa propre enfance — je me rappelle quand je la tenais, la berçais, la regardais s'émerveiller et découvrir son monde. J'ai compris qu'elle était, en fait, l'enfant qui m'avait montré à toucher comme un enfant.

Après une autre période de massage en silence, je lui dis que j'étais fier d'avoir tant appris auprès des meilleurs masseurs de dos au monde. Je lui expliquai comment je m'étais encore amélioré en massant une fille de 16 ans qui s'étirait douloureusement pour atteindre sa forme adulte. J'ai fait une prière silencieuse pour remercier le ciel qu'une telle vie m'ait été confiée et qu'il me soit permis, par le plus grand miracle, de la toucher ne serait-ce que du bout des doigts.

Victor Nelson

Je t'aime, p'tit !

Pensées du matin en conduisant mon fils à l'école : Salut p'tit ! T'as l'air pas mal dégourdi dans ton attirail de scout, moi j'étais plutôt grassouillet quand j'étais louveteau. Je ne pense pas avoir eu les cheveux aussi longs avant d'aller à l'université, mais je pense que je te reconnaîtrais de toute façon à ce que tu es : un peu broussailleux autour des oreilles, les orteils et les genoux éraflés... On s'habitue l'un à l'autre...

Maintenant que t'as huit ans je remarque qu'on ne se voit plus aussi souvent. À 9 heures du matin, le jour de la fête de Christophe Colomb, t'étais déjà parti. Je t'ai vu 42 secondes à l'heure du lunch et t'as réapparu à 5 heures pour souper. Tu me manques, mais je sais que t'as des affaires sérieuses à régler. Des choses certainement aussi sérieuses, sinon plus urgentes, que celles dont s'occupent ces gens qui vont travailler tous les matins.

Ton boulot à toi, c'est de grandir trop vite pour user tes vêtements et c'est quand même plus important que les opérations boursières, les tâches ménagères et les commérages de bureau. Il faut que tu saches ce que t'es capable et ce que t'es pas capable de faire — et que t'apprennes à vivre avec ça. Il faut que t'apprennes comment les gens sont faits et comment ils se comportent quand ils ne sont pas bien dans leur peau — comme les durs à cuire qui rôdent autour des bicyclettes pour faire la vie dure aux plus petits. Ouais, il faut même que t'apprennes à faire semblant que ça ne fait pas mal quand ils te traitent de tous les noms. Ça fait toujours mal mais il faut être brave, sinon ils vont être encore plus méchants la prochaine fois. J'espère que t'oublieras pas comment on se sent — si jamais tu décidais de t'en prendre à plus petit que toi.

Quand est-ce la dernière fois que je t'ai dit que j'étais fier de toi ? Je suppose que si je ne m'en souviens pas, c'est que je ne le dis pas très souvent. Je me souviens de la dernière fois que je t'ai disputé — t'ai dit qu'on serait en retard si tu ne te pressais pas — mais « tout bien considéré », comme disait Nixon, je ne t'ai pas fait autant d'encouragements que de critiques. Maintenant, s'il arrive que tu lises ceci un jour, je veux que tu saches hors de tout doute que je suis fier de toi. J'aime surtout ton indépendance, ta débrouillardise, même quand ça me fait peur un petit peu. T'as jamais été un pleurnichard et pour moi ça fait de toi un enfant supérieur.

Comment se fait-il que les pères soient si lents à se rendre compte que les enfants de huit ans ont autant besoin d'affection que les enfants de quatre ans ? Si je n'y fais pas attention, bientôt je vais te donner un coup de poing sur l'épaule en disant : « Qu'est-ce t'en penses, p'tit ? » au lieu de te prendre dans mes bras en disant « Je t'aime ». La vie est trop courte pour qu'on cache son affection. Comment se fait-il que les enfants de 8 ans prennent tant de temps à se rendre compte que les adultes de 36 ans ont autant besoin d'affcction que les enfants de 4 ans ?

Est-ce que je t'ai dit que j'étais fier que tu sois revenu à la boîte à lunch après une semaine de ces indigestes repas chauds ? Je suis fier que tu prennes soin de ton corps.

J'aimerais que le trajet soit plus long... j'aimerais te parler d'hier soir... quand ton petit frère dormait et qu'on t'a laissé veiller et regarder la partie des Yankees. Ces moments-là sont magiques. Il n'y a pas moyen de les prévoir. Quand on essaie d'organiser quelque chose ensemble, ce n'est jamais aussi bien, aussi plaisant, aussi chaleureux. Durant ces trop courtes et trop rares minutes, c'était comme si t'étais déjà grand et qu'on s'assoyait pour parler mais sans commencer par « comment ça va à l'école ? ». J'avais déjà vérifié ton devoir de maths, à ma manière, la seule que je connaisse, avec une calculatrice. T'es plus doué que moi avec les chiffres. Alors on a parlé de la partie et t'en savais plus long que moi sur les joueurs et tu m'as appris des choses. Et on était heureux tous les deux quand les Yankees ont gagné.

Eh bien, voici déjà le brigadier. Il va probablement tous nous enterrer. J'aimerais que tu n'ailles pas à l'école aujourd'hui. Il y a tant de choses que j'aimerais te dire.

Ta sortie de voiture se fait tellement vite. J'aimerais que le temps s'arrête et toi t'as déjà salué deux de tes amis...

Je voulais juste te dire « Je t'aime, p'tit... »

Victor B. Miller

Ce que vous êtes importe autant que ce que vous faites

Ce que vous êtes parle si fort qu'on n'entend plus ce que vous dites.

Ralph Waldo Emerson

Par un beau samedi après-midi à Oklahoma City, mon ami Bobby Lewis emmenait fièrement ses deux petits gars faire une partie de golf miniature. Il se présenta au guichet et dit à l'homme qui vendait les tickets : « Combien ça coûte pour entrer ? »

Le jeune homme répondit : « Trois dollars pour vous et trois dollars pour les enfants qui ont plus de six ans. On les laisse entrer gratis s'ils sont âgés de six ans ou moins. Quel âge ont-ils ? »

Bobby répondit : « L'avocat a trois ans et le docteur sept, alors je vous dois six dollars. »

L'homme au guichet s'étonna : « Eh ben quoi, Monsieur, vous venez de gagner à la loterie ? Vous auriez pu épargner trois dollars. Vous n'aviez qu'à me dire que le plus vieux avait six ans, je n'aurais pas su que vous mentiez. » Bobby répliqua : « Oui, vous avez peut-être raison, mais les enfants, eux, l'auraient su. »

Comme l'a dit Ralph Waldo Emerson : « Ce que vous êtes parle si fort qu'on n'entend plus ce que vous dites. » En ces temps difficiles où l'honnêteté est une denrée rare et plus précieuse que jamais, assurez-vous d'être un bon exemple pour les personnes avec qui vous vivez et travaillez.

Patricia Fripp

La famille idéale

Samedi matin, 10h30, c'est une journée idéale et nous sommes encore, pour le moment, la famille idéale. Ma femme est allée conduire notre enfant de six ans à sa première leçon de piano. L'aîné, 14 ans, est encore endormi. Le plus jeune a quatre ans, il est dans la pièce à côté où il regarde des petits êtres anthropomorphiques se balancer les uns les autres du haut en bas des falaises. Je suis assis à la table de cuisine et je lis mon journal.

Aaron Malachi, le plus jeune, apparemment lassé du carnage en dessins animés et du pouvoir considérable que lui conférait la possession exclusive de la télécommande, pénètre dans mon espace.

« J'ai faim », dit-il.

« Tu veux encore des céréales ? »

« Non. »

« Tu veux du yogourt ? »

« Non. »

« Tu veux des oeufs ? »

« Non. Je peux avoir de la crème glacée ? »

« Non. »

Pour ce que j'en sais, il se pourrait bien que la crème glacée soit de beaucoup plus nourrissante que les céréales commerciales et les oeufs farcis d'antibiotiques mais il n'empêche que, selon mes valeurs culturelles, on ne doit pas manger de la crème glacée à 10h45 le samedi matin.

Silence. À peu près quatre secondes. « Papa, il nous reste encore beaucoup de temps à vivre, n'est-ce pas ? »

« Oui. Il nous reste encore beaucoup de temps à vivre, Aaron. »

« Toi, moi et maman ? »

« Oui. »

« Et Isaac ? »

« Oui. »

« Et Ben ? »

« Oui. Toi, moi, maman, Isaac et Ben. »

« Il nous reste beaucoup de temps à vivre. Jusqu'à tant que tout le monde meure. »

« Que veux-tu dire ? »

« Jusqu'à tant que tout le monde meure et que les dinosaures reviennent. »

Aaron s'installe sur la table, jambes croisées comme un bouddha, en plein sur mon journal.

« Que veux-tu dire, Aaron : « Jusqu'à tant que tout le monde meure » ? »

« Tu m'as dis que tout le monde devait mourir. Quand tout le monde sera mort, alors les dinosaures reviendront. Les hommes des cavernes vivaient dans des cavernes. Les cavernes des dinosaures. Puis les dinosaures sont revenus les écrabouiller. »

Je comprends que pour Aaron la vie est déjà une ressource limitée, qui a un commencement et une fin. Il se voit et nous voit quelque part sur cette trajectoire, une trajectoire qui se termine dans l'incertitude et le deuil.

Je suis confronté à un problème d'éthique. Que dois-je faire maintenant ? Dois-je lui proposer Dieu, la rédemption, l'éternité ? Dois-je lui faire tout un baratin à commencer par : « Ton corps n'est qu'une enveloppe et après la mort nous serons tous réunis en esprit pour l'éternité » ?

Ou devrais-je le laisser dans cette incertitude et dans cette anxiété parce que d'après moi elles sont réelles ? Devrais-je essayer d'en faire un existentialiste angoissé ou devrais-je essayer de le rassurer pour qu'il se sente mieux ?

Je ne sais pas. Je regarde mon journal. Les Celtics perdent toujours le vendredi soir. Larry Bird est fâché contre quelqu'un, mais je ne peux pas savoir contre qui parce que le pied d'Aaron me cache la suite. Je ne sais pas pourquoi mais ma sensibilité petite-bourgeoise, dépendante et névrosée me dit que je vis en ce moment un moment important, un moment au cours duquel la façon dont Aaron construira son monde est en train de se préciser. Mais peut-être est-ce ma sensibilité petite-bourgeoise, dépendante et névrosée qui m'amène à penser ainsi ? Si la vie et la mort ne sont que des illusions, pourquoi devrais-je m'inquiéter de la façon dont quelqu'un d'autre les envisage ?

Sur la table, Aaron joue avec « un gars de l'armée », lui relève les bras, le fait tenir debout sur ses jambes chancelantes. C'est contre Kevin McHale que Larry

Bird était fâché. Non, pas Kevin McHale, Jerry Sichting. Mais Jerry Sichting ne joue plus pour les Celtics. Qu'est-il arrivé à Jerry Sichting ? Toute chose doit mourir, toute chose a une fin. Jerry Sichting joue pour Sacramento, ou Orlando, ou bien il a disparu.

Je ne devrais pas prendre à la légère la façon dont Aaron appréhende la vie et la mort parce que je veux qu'il soit capable de situer les choses dans un ensemble structuré, qu'il ait conscience de la permanence des choses. Il est évident que les prêtres et les soeurs ont fait du bon travail avec moi. C'était l'agonie ou l'extase. Le paradis et l'enfer n'étaient pas reliés par un service téléphonique interurbain. On faisait partie de l'équipe de Dieu ou on se retrouvait dans la soupe, et la soupe était chaude. Je ne veux pas qu'Aaron se brûle, mais je veux qu'il ait une base solide. L'inévitable angoisse névrotique viendra bien assez tôt.

Est-ce possible ? Est-ce possible de lui faire prendre conscience de l'« Être transcendant » — Dieu, esprit, karma, IHVH, n'importe quoi — sans ébranler son « être réel », sans lui rentrer ça dans le crâne à coups de marteau ? Peut-on avoir le beurre et l'argent du beurre, ontologiquement parlant ? Ou bien, un tel acte ne risquerait-il pas plutôt de fragmenter sa fragile sensibilité, son « être de raison » ?

Sentant une légère augmentation de l'agitation sur la table, je devine qu'Aaron commence à s'ennuyer avec le gars de l'armée. Prenant un air de circonstance, grave et théâtral, je m'éclaircis la voix et commence à parler d'un ton professoral :

« Aaron, la mort est quelque chose dont certaines personnes croient que... »

« Papa, m'interrompt Aaron. On peut jouer à un jeu vidéo ? C'est pas un jeu très violent, m'explique-t-il en gesticulant. C'est pas un jeu pour tuer, les gars font juste semblant de tomber sur le côté. »

« Oui, dis-je avec un soupir de soulagement, allons jouer à un jeu vidéo. Mais d'abord il y a une chose que nous devons faire. »

« Quoi ? » Aaron s'est arrêté net de courir et se retourne, déjà rendu à mi-chemin de la salle de jeu.

« D'abord, mangeons un peu de crème glacée. »

Une autre journée idéale dans la vie d'une famille idéale. Pour le moment.

Michael Murphy

Allez, dis-le !

Si vous étiez sur le point de mourir et qu'il vous était permis de donner un seul coup de téléphone, qui appelleriez-vous et que lui diriez-vous ? Et qu'attendez-vous pour le faire ?

Stephen Levine

Un soir, après avoir lu un autre livre parmi la multitude que j'ai lue sur l'art d'élever les enfants, je me sentais un peu coupable parce que le livre décrivait quelques tactiques parentales que je n'avais pas utilisées depuis quelque temps. La principale tactique consiste à employer le plus souvent possible, quand vous parlez à votre enfant, les mots magiques : « Je t'aime ». L'auteur insistait sur le fait que les enfants ont besoin de savoir que vous les aimez vraiment, c'est-à-dire sans la moindre réserve et sans aucune équivoque.

Je suis monté à l'étage où se trouve la chambre de mon fils et j'ai frappé à sa porte. De l'extérieur, impossible de rien entendre sauf le bruit de sa batterie. Je savais qu'il était là mais il ne répondait pas. Alors j'ai ouvert la porte et, comme de raison, il était là, assis avec des écouteurs sur la tête, écoutant une cassette et jouant de la batterie. Après m'être approché pour attirer son attention, je lui ai dit : « Tim, je peux te parler une seconde ? »

« Bien sûr, papa, dit-il, j'ai toujours une seconde pour toi. »

Nous nous sommes installés confortablement pour parler et 15 minutes plus tard, après bien des banalités et quelques hésitations, je l'ai regardé droit dans les yeux et j'ai dit : « Tim, j'aime vraiment comment tu joues de la batterie. »

« Merci papa, dit-il. Je suis content que t'aimes ça. »

J'ai dit « à tantôt » et je suis sorti de la pièce. Mais en descendant l'escalier, je me suis rendu compte que j'étais monté là-haut avec un certain message, message qui n'avait pas été transmis. Je sentais qu'il était vraiment important que j'y retourne, que je me donne une autre chance de dire les mots magiques.

J'ai donc remonté les escaliers, frappé encore une fois, et rouvert sa porte : « Je peux te parler une seconde, Tim ? »

« Bien sûr, papa. J'ai toujours une ou deux secondes pour toi. T'as besoin de quelque chose ? »

« Tim, quand je suis monté tantôt j'avais un message à te dire et quelque chose d'autre est sorti. Ce n'est pas vraiment ce que je voulais te dire. Te rappelles-tu quand tu apprenais à conduire, comme ça m'inquiétait ? J'ai écrit trois mots sur un bout de papier et j'ai glissé la note sous ton oreiller dans l'espoir que ça résoudrait mon problème. J'avais fait ma part en tant que parent en exprimant mon amour à mon fils. »

Finalement, après quelques banalités, j'ai regardé Tim dans les yeux : « Ce que je veux que tu saches, Tim, c'est que nous t'aimons beaucoup. »

« Merci, papa. Nous, c'est toi et maman ? »

« Oui, c'est nous deux. On ne te le dit pas assez souvent. »

« Merci papa. C'est gentil de me dire ça. Je sais que vous m'aimez. »

J'ai fait demi-tour et suis ressorti. Dans les escaliers, je me suis mis à penser : *Incroyable ! J'y suis déjà allé deux fois — je connais bien le message et pourtant ce sont d'autres mots qui sortent de ma bouche.*

Je me suis dit : *C'est décidé, j'y retourne et je lui fais savoir exactement comment je me sens. Il me le fera pas répéter deux fois. Il me fait pas peur.* Alors j'y retourne, frappe à sa porte et le voilà qui crie : « Non, non, laissez-moi deviner qui c'est. Ce ne serait pas papa, par hasard ? »

« Comment as-tu pu deviner que c'était moi ? »

« Je te connais depuis longtemps, tu sais, ça remonte à l'époque où t'étais jeune papa. »

« Tim, as-tu encore une seconde ? »

« Tu sais bien que oui, alors entre. Je suppose que tu ne m'as pas dit ce que tu voulais me dire. »

« Comment as-tu pu deviner ça ? »

« Je te connais depuis le temps où j'étais encore aux couches. »

« Eh bien voici, Tim, ce qui ne voulait pas sortir : je voulais juste te dire que tu es quelqu'un de très important pour nous. Ce n'est pas tellement ce que tu fais, ni ce que tu as fait par le passé, comme de t'occuper des jeunes de l'école secondaire. C'est ce que tu es en tant qu'individu. Je t'aime et je veux simplement que tu saches que je t'aime, je ne sais pas pourquoi j'ai du mal à dire une chose aussi importante. »

Il m'a regardé et m'a dit : « Eh ! papa, je sais que tu m'aimes mais c'est quelque chose de te l'entendre dire. Merci beaucoup de cette attention, ainsi que de l'intention. » Comme je m'apprêtais à sortir, il dit : « Oh ! hé ! papa ? As-tu une autre seconde ? »

Je pensais : *Oh non. Qu'est-ce qu'il va me dire ?* Mais j'ai dit : « Bien sûr. J'ai toujours une seconde pour toi. »

Je ne sais pas où les enfants vont chercher ces choses-là — ça ne peut pas venir des parents — mais il a dit : « Papa, je peux te poser une question ? »

« Quelle question ? »

« Papa, as-tu participé à un séminaire dernièrement ou un de ces trucs-là ? »

Je pensais : *Oh non ! Je suis fichu. On sait ce qu'ils pensent à 18 ans de « ces trucs-là »*. Mais j'ai dit : « Non, Tim. Je lisais un livre dans lequel on dit qu'il est extrêmement important de dire à vos enfants ce que vous ressentez pour eux. »

« Merci d'avoir pris le temps, dit-il. À tantôt, papa. »

Ce que Tim m'a appris ce soir-là, plus que toute autre chose, c'est que vous n'arriverez jamais à comprendre le sens et le but véritables de l'amour si vous n'êtes pas prêt à prendre des risques. Il faut risquer le tout pour le tout et dire je t'aime à haute voix.

Gene Bedley

4

APPRENDRE

Apprendre, c'est découvrir
ce que vous saviez déjà.

Faire, c'est démontrer
que vous le savez.

Enseigner, c'est rappeler aux autres
qu'ils le savent aussi bien que vous.

Vous êtes toujours en train d'apprendre,
de faire et d'enseigner.

Richard Bach

Je m'aime bien à présent

Quand l'image qu'il a de lui-même commence à s'améliorer, on constate que l'enfant fait des progrès importants dans toutes les sphères d'apprentissage, mais, ce qui est encore plus significatif, on se trouve en présence d'un enfant qui aime la vie de plus en plus.

Wayne Dyer

J'ai ressenti un profond soulagement quand j'ai commencé à comprendre que les besoins d'un enfant ne se limitaient pas à la matière enseignée. Je connais bien les mathématiques, et je les enseigne bien. À l'époque je pensais que cela suffisait. Maintenant je m'occupe des enfants plus que des mathématiques. J'accepte le fait que je ne pourrai réussir que partiellement avec certains d'entre eux. Quand je me dis que je n'ai pas à savoir toutes les réponses, il semble que j'ai davantage de réponses que quand j'essaie d'être l'expert. Le jeune qui m'a fait vraiment comprendre cela s'appelle Eddie. Je lui ai demandé un jour s'il était capable de m'expliquer pourquoi il réussissait beaucoup mieux cette année-là que la précédente. Sa réponse a donné un sens à ma toute nouvelle orientation : « C'est parce que je m'aime bien à présent quand je suis avec vous. »

Un professeur cité par Everett Shostrom
dans Man, The Manipulator

Toutes les bonnes choses

Il était dans ma classe de troisième année à l'école Saint Mary's de Morris, au Minnesota. J'avais 34 élèves et ils m'étaient tous très chers, mais Mark Eklund était une véritable perle. D'une apparence très soignée, il y avait en lui une telle joie de vivre que même ses rares espiègleries passaient pour adorables.

Mark avait aussi l'habitude de parler sans arrêt. J'essayais de lui rappeler à intervalles réguliers qu'on ne doit pas parler en classe sans permission, mais rien n'y faisait. Ce qui m'impressionnait le plus, cependant, c'était la réponse sincère qu'il me faisait chaque fois que je devais le gronder pour s'être mal conduit : « Merci de m'avoir grondé, ma soeur ! » Au début je ne savais pas quoi penser de cette réponse mais je me suis vite habituée à l'entendre plusieurs fois par jour.

Il m'arrivait de perdre patience quand Mark parlait trop. Un jour j'ai fait une erreur de novice. J'ai dit en le regardant droit dans les yeux : « Si tu dis un mot de plus, je vais te clouer le bec avec du ruban adhésif ! »

Moins de 10 secondes plus tard, Chuck s'écriait : « Mark est encore en train de parler ! » Je n'avais pas demandé aux autres élèves de m'aider à le surveiller, mais puisque j'avais décrit la punition devant la classe, il fallait que je m'exécute.

Je me rappelle la scène comme si c'était hier. J'ai marché jusqu'à mon bureau et, d'un geste volontaire, j'ai ouvert le tiroir d'où j'ai sorti un rouleau de papier cache. Sans dire un mot, je me suis dirigée vers le pupitre de Mark, puis j'ai déchiré deux morceaux de ruban avec lesquels j'ai fait un gros X sur sa bouche. Puis je suis retournée à l'avant de la classe.

Quand j'ai regardé dans sa direction pour voir comment il réagissait, Mark m'a fait un clin d'oeil ! Ç'a été plus fort que moi ! J'ai éclaté de rire. La classe entière s'est mise à applaudir en me voyant hausser les épaules, retourner au pupitre de Mark et lui enlever les morceaux de papier cache. Ses premiers mots furent : « Merci de m'avoir grondé, ma soeur. »

À la fin de l'année, on m'a demandé d'enseigner les mathématiques au niveau secondaire. Les années passèrent, et voilà qu'un beau jour Mark était de retour dans ma classe. Il était plus beau garçon que jamais et toujours aussi poli. Puisque c'étaient les « nouvelles maths », il devait écouter très attentivement tout ce que je disais et il ne parlait donc pas autant en troisième année du secondaire qu'en troisième du primaire.

Un vendredi, les choses n'allaient pas bien du tout. Nous avions travaillé fort toute la semaine sur un nouveau concept, et je sentais que les élèves étaient frustrés chacun de leur côté — et presque fâchés les uns contre les autres. Il y avait de l'orage dans l'air et il fallait faire quelque chose avant que ça n'aille trop loin. Je leur ai donc demandé d'écrire les noms des autres élèves de la classe sur deux feuilles de papier, en laissant un espace entre chaque nom. Puis je leur ai demandé de penser à la chose la plus gentille qu'ils pourraient dire à propos de chacun de leurs camarades de classe et de l'écrire.

Ce travail a pris le reste du temps de cours, mais en quittant la classe chacun me remettait ses papiers. Chuck souriait. Mark m'a dit : « Merci d'être mon professeur, ma soeur. Passez un bon week-end. »

Le samedi, j'ai écrit les noms de tous les élèves sur des feuilles de papier séparées et j'ai listé tout ce que les autres élèves avaient dit au sujet de chaque individu. Le lundi, j'ai remis à chacun sa liste. Certaines listes faisaient deux pages de long. Peu de temps après, la classe entière avait retrouvé le sourire. « Vraiment ? entendis-je murmurer. Je pensais que personne n'avait remarqué ! » « Je ne pensais pas que les autres m'aimaient à ce point ! »

Personne n'a jamais plus mentionné ces listes en classe. Je n'ai jamais su s'ils en avaient discuté entre eux après l'école ou avec leurs parents, mais ça n'avait pas d'importance. L'exercice avait rempli son but. Les élèves étaient à nouveau satisfaits d'eux-mêmes et contents d'être ensemble.

Ce groupe d'élèves est passé en quatrième du secondaire. Plusieurs années plus tard, au retour de vacances passées à l'étranger, mes parents sont venus m'accueillir à l'aéroport. Dans la voiture, en route vers la maison, ma mère me posait les questions habituelles au sujet du voyage : le temps qu'il avait fait, mes impressions en général. Il y eut un court moment de silence. Ma mère a jeté un coup d'oeil du côté de mon père. « Papa ? » lui dit-elle simplement. Mon père s'est éclairci la voix. « Les Eklund ont appelé hier soir », commença-t-il.

« Vraiment ? dis-je. Il y a longtemps qu'ils n'avaient pas donné de nouvelles. Je me demande comment va Mark. »

Mon père répondit calmement : « Mark a été tué au Viêt-nam. Les funérailles ont lieu demain, et ses parents aimeraient que tu y sois. » Je me souviens encore aujourd'hui de l'endroit exact sur l'autoroute 494 où nous étions quand mon père m'a appris la nouvelle.

C'était la première fois que je voyais un militaire en uniforme dans un cercueil. Mark était devenu un homme, un bel homme. Sur le moment, je ne pouvais penser qu'à une chose : Mark, je donnerais tout le papier cache au monde en échange d'une seule parole de toi.

L'église était bondée ; tous les amis de Mark étaient là. La soeur de Chuck a chanté *The Battle Hymn of the Republic*. Pourquoi fallait-il qu'il pleuve le jour des funérailles ? C'était triste à pleurer au cimetière. Le pasteur a récité les prières d'usage et le clairon a joué la sonnerie aux morts.

Un par un, tous ceux qui aimaient Mark sont passés une dernière fois devant son cercueil en l'aspergeant d'eau bénite.

Je fus la dernière à passer. Tandis que j'étais là, un des soldats qui avaient porté le cercueil s'est approché de moi : « Étiez-vous son professeur de mathématiques ? » demanda-t-il. Je fis signe que oui en continuant de regarder le cercueil. « Mark parlait beaucoup de vous », dit-il.

Après l'enterrement, la plupart des anciens camarades de classe de Mark se sont retrouvés à la ferme de Chuck où avait lieu le goûter. La mère et le père de Mark étaient là, qui de toute évidence m'attendaient. « Nous voulions vous montrer quelque chose, dit son père en sortant son portefeuille de sa poche. Ils l'ont trouvé sur Mark quand il a été tué. Nous pensions que cela vous dirait quelque chose. »

Du portefeuille il retira délicatement deux vieilles feuilles de papier qui avaient été recollées, pliées et repliées plusieurs fois. Je savais déjà que c'étaient les feuilles sur lesquelles j'avais listé toutes les bonnes choses que ses camarades de classe avaient dites à son sujet. « Merci beaucoup d'avoir fait cela, dit sa mère. Comme vous le voyez, Mark y tenait beaucoup. »

Les amis de Mark se sont rapprochés. Chuck sourit plutôt tristement et dit : « J'ai encore ma liste. Elle est dans le tiroir du haut de mon bureau à la maison. » La femme de John dit : « John m'a demandé de mettre la sienne dans l'album photos de notre mariage. » « J'ai aussi la mienne, dit Marylin. Elle est dans mon journal intime. » Vicki, une autre ancienne de la classe, a fouillé dans sa poche, pris son portefeuille et montré au groupe sa liste usée et chiffonnée. « Je l'ai toujours sur moi, dit-elle sans sourciller. Je pense que nous avons tous conservé notre liste. »

C'est à ce moment-là que je me suis finalement assise pour pleurer. J'ai pleuré pour Mark et pour tous ses amis qui ne le reverraient plus jamais.

Helen P. Mrosla

Tu es une merveille

Chaque seconde que nous vivons est un moment nouveau et unique dans l'histoire de l'univers, un moment qui ne reviendra plus jamais... Et qu'enseignons-nous à nos enfants ? Nous leur enseignons que deux et deux font quatre, et que Paris est la capitale de la France.

Quand leur enseignerons-nous aussi à savoir qui ils sont ?

Nous devrions dire à chaque enfant : Sais-tu qui tu es ? Tu es une merveille. Tu es unique. Depuis le début des temps, il n'y a jamais eu un autre enfant comme toi. Tes jambes, tes bras, l'agilité de tes doigts, ta façon de marcher.

Tu pourrais être un Shakespeare, un Michel-Ange, un Beethoven. Tu es capable de réussir en tout. Oui, tu es une merveille. Et quand tu seras plus grand, oserais-tu faire du mal à quelqu'un qui, comme toi, est une merveille ?

Tu dois travailler — nous devons tous travailler — à rendre le monde digne de ses enfants.

Pablo Casals

C'est en forgeant...

Il n'y a pas si longtemps, j'ai commencé à jouer du violoncelle. La plupart des gens diraient que je suis en train d'« apprendre à jouer » du violoncelle. Mais ces mots font germer dans nos têtes l'étrange idée selon laquelle il y aurait deux façons distinctes de procéder : 1) apprendre à jouer du violoncelle ; 2) jouer du violoncelle. Ces mots impliquent que je ferai la première jusqu'au moment où, l'ayant maîtrisée, je pourrai passer à la seconde. En résumé, je continuerai d'« apprendre à jouer » jusqu'à ce que j'aie « appris à jouer », après quoi je commencerai à jouer. Bien sûr, cela n'a aucun sens. Il n'y a pas deux façons de procéder mais une seule. C'est en jouant qu'on apprend à jouer. Il n'y a pas d'autre façon.

John Holt

La main

Un jour d'Action de grâces, un journal parlait dans son éditorial d'une institutrice qui avait demandé à ses élèves, en classe de première année, de dessiner une chose pour laquelle ils rendaient grâce à Dieu. Elle pensait que ces petits enfants des quartiers pauvres avaient en réalité peu de choses dont ils pouvaient être reconnaissants. Mais elle se disait que la plupart d'entre eux dessineraient des dindes ou des tables couvertes de victuailles. L'institutrice resta bouche bée en voyant le dessin que lui remit Douglas... un naïf dessin d'enfant représentant une main.

Mais la main de qui ? La classe était fascinée par cette image abstraite. « Je pense que ça doit être la main de Dieu qui nous apporte la nourriture », dit un enfant. « Celle d'un fermier, dit un autre enfant, parce que c'est lui qui élève les dindes. » Finalement, quand les autres enfants étaient occupés, l'institutrice se pencha sur le pupitre de Douglas et lui demanda à qui appartenait cette main. « C'est votre main, Madame », murmura-t-il.

Très souvent, durant la récréation, elle se rappelait avoir pris par la main ce petit garçon chétif et solitaire.

Elle le faisait aussi avec d'autres enfants. Mais pour Douglas, cela avait une telle importance ! Peut-être avons-nous tous une même et bonne raison de remercier Dieu le jour de l'Action de grâces, non pas pour les bienfaits matériels mais pour la chance qui nous est donnée chaque jour, quels que soient nos moyens, de donner aux autres.

Source inconnue

Le petit garçon

Il était une fois un petit garçon
Qui allait à l'école pour la première fois.
C'était un tout petit garçon
Et l'école était plutôt grande.
Mais quand le petit garçon apprit
Qu'il y avait une porte
Par laquelle il pouvait passer directement
De l'extérieur de l'école à l'intérieur de sa classe,
Il fut très heureux.
Et l'école ne lui paraissait plus
Aussi grande qu'avant.

Le petit garçon allait à l'école depuis déjà quelque temps
Quand un beau matin
La maîtresse dit :

« Aujourd'hui nous allons faire un dessin. »
« Bien ! » pensa le petit garçon.
Il aimait beaucoup dessiner.
Il pouvait faire toutes sortes de dessins :
Des lions et des tigres,
Des poules et des vaches,
Des trains et des bateaux.

Alors il ouvrit sa boîte de crayons
Et se mit à dessiner.

Mais la maîtresse dit :
« Attendez ! Je n'ai pas dit de commencer ! »
Et elle attendit que tout le monde soit prêt.

« Maintenant, dit la maîtresse,
Nous allons dessiner des fleurs. »
« Bien ! » pensa le petit garçon,
Car il aimait faire des fleurs,
Et il en dessina de très belles
Avec ses crayons roses, orange et bleus.

Mais la maîtresse dit :
« Attendez ! Je vais vous montrer comment. »
Et elle dessina une fleur sur le tableau noir.
Elle était rouge, avec une tige verte.
« Voilà, dit la maîtresse,
Maintenant vous pouvez commencer. »

Le petit garçon regarda la fleur de la maîtresse
Puis il regarda sa propre fleur.
Il aimait mieux sa fleur que celle de la maîtresse
Mais il ne dit rien,
Il retourna sa feuille et de l'autre côté
Dessina une fleur comme celle de la maîtresse.
Elle était rouge, avec une tige verte.

Un jour que le petit garçon
Avait ouvert la porte d'entrée
Sans l'aide de personne,
La maîtresse dit :
« Aujourd'hui nous allons faire quelque chose avec de la glaise ! »
« Bien ! » pensa le petit garçon.
Il aimait beaucoup la glaise.

Il pouvait faire un tas de choses avec de la glaise :
Des serpents et des bonshommes de neige,
Des éléphants et des souris,
Des voitures et des camions.
Et il se mit à pétrir
Sa boule de glaise.

Mais la maîtresse dit :
« Attendez ! Je n'ai pas dit de commencer ! »
Et elle attendit que tout le monde soit prêt.

« Maintenant, dit la maîtresse,
Nous allons faire une assiette. »
« Bien ! » pensa le petit garçon,
Car il aimait faire des assiettes.
Et il en fit quelques-unes
De toutes les formes et de toutes les grosseurs.

Mais la maîtresse dit :
« Attendez ! Je vais vous montrer comment. »
Et elle leur montra comment faire

Une assiette profonde.
« Voilà, dit la maîtresse,
Maintenant vous pouvez commencer. »

Le petit garçon regarda l'assiette de la maîtresse
Puis il regarda les siennes.
Il aimait mieux ses assiettes que celle de la maîtresse
Mais il ne dit rien,
Il prit sa glaise et la remit en boule,
Puis il fit une assiette comme celle de la maîtresse.
C'était une assiette profonde.

Le petit garçon eut tôt fait d'apprendre,
À attendre,
Et à regarder,
Et à faire les choses comme la maîtresse.
Et bientôt après,
Il ne faisait plus rien à sa manière à lui.

Puis il arriva que
Le petit garçon et sa famille
Déménagèrent dans une autre maison,
Dans une autre ville,
Et le petit garçon
se retrouva dans une autre école.

L'école était encore plus grosse
Que la précédente,
Et il n'y avait pas de porte qui s'ouvrait
Directement sur sa classe.

Il devait gravir de grands escaliers,
Et traverser un long corridor
Pour se rendre à sa classe.

Et dès le premier jour,
La maîtresse dit :
« Aujourd'hui nous allons faire un dessin ! »

« Bien ! » pensa le petit garçon,
Et il attendit que la maîtresse
Lui dise quoi faire
Mais elle ne disait rien.
Elle se promenait simplement dans la classe.

Quand elle arriva près du petit garçon,
Elle dit : « Tu ne veux pas faire un dessin ? »
« Oui, dit le petit garçon,
Mais le dessin de quoi ? »
« Je ne peux pas savoir tant que tu ne l'as pas fait », dit la maîtresse.
« Comment dois-je dessiner ? » demanda le petit garçon.
« Mais comme tu veux », dit-elle.
« Avec quelles couleurs ? » demanda-t-il.
« N'importe quelle couleur, répondit la maîtresse.
Si tout le monde faisait le même dessin,
En prenant les mêmes couleurs,
Comment pourrais-je les différencier,
Et savoir qui a fait quoi ? »
« Je ne sais pas », dit le petit garçon.

Et il se mit à dessiner des fleurs
Roses et orange et bleues.

Il aimait sa nouvelle école,
Même s'il n'y avait pas de porte
Qui s'ouvrait sur sa classe !

Helen E. Buckley

Je suis un professeur

Je suis un professeur,
Je suis né dès l'instant où la première question est sortie de la bouche d'un enfant.
J'ai été plusieurs personnes en plusieurs endroits.
Je suis Socrate incitant la jeunesse d'Athènes à découvrir de nouvelles idées par voie de questionnements.
Je suis Anne Sullivan tapotant dans la main ouverte d'Helen Keller et lui révélant petit à petit, en code morse, les secrets de l'univers.
Je suis Ésope et Hans Christian Andersen distillant la vérité dans leurs innombrables histoires.
Je suis Marva Collins luttant pour le droit de chaque enfant à l'éducation.
Je suis Mary McCloud Bethune construisant une grande université pour mon peuple, transformant des cageots d'oranges en pupitres.
Et je suis Bel Kaufman s'efforçant de gravir les marches de *L'Escalier interdit*.
La liste de tous ceux qui ont exercé ma profession se lit comme un hymne à la gloire de l'humanité... Booker T. Washington, Bouddha, Confucius, Ralph Waldo Emerson, Leo Buscaglia, Moïse et Jésus.
Je suis aussi tous ceux dont les noms et visages sont

depuis longtemps tombés dans l'oubli mais dont les leçons et les qualités survivront toujours dans les réalisations de leurs élèves.

J'ai pleuré de joie aux noces de mes anciens élèves, j'ai ri et jubilé à la naissance de leurs enfants et je me suis recueilli, dans la peine et la confusion, devant des tombes creusées trop tôt pour des corps beaucoup trop jeunes.

Au cours d'une même journée, je suis appelé à me faire tour à tour acteur, ami, infirmier et médecin, entraîneur, employé aux objets perdus, prêteur sur gages, chauffeur de taxi, psychologue, parent suppléant, vendeur, politicien et protecteur de la foi.

Malgré les cartes, les chartes, les formules, les verbes, les histoires et les livres, en réalité je n'ai rien à enseigner car mes élèves n'ont qu'eux-mêmes à étudier, et je sais qu'on a besoin du monde entier pour savoir qui on est.

Je suis un paradoxe. C'est quand j'écoute le plus que mes paroles ont le plus de poids. Mon plus grand don est d'être disposé à recevoir avec gratitude ce que mes élèves ont à m'offrir.

Le succès matériel n'est pas un de mes buts, mais je suis un chercheur de trésor à plein temps : toujours en quête des nouveautés qui fourniront à mes élèves l'occasion d'exploiter leurs talents ; toujours en quête de ces talents cachés qui parfois meurent d'un manque d'encouragements.

Je suis le plus heureux des travailleurs.

Un médecin a le privilège de présider à cet instant

magique où une vie nouvelle vient au monde. J'ai le privilège de voir cette vie renaître chaque jour grâce à de nouvelles questions, de nouvelles idées et de nouvelles amitiés.

Un architecte sait qu'en y mettant le soin nécessaire, l'édifice qu'il construit tiendra durant des siècles. Un professeur sait qu'en y mettant l'amour et la vérité nécessaires, ce qu'il construit durera l'éternité.

Je suis un guerrier, chaque jour aux prises avec les pressions internes, la négativité, la peur, le conformisme, les préjugés, l'ignorance et l'apathie. Mais j'ai des alliés de taille nommés Intelligence, Curiosité, Soutien parental, Individualité, Créativité, Foi, Amour et Humour, qui viennent à ma rescousse et me prêtent leur indomptable secours.

Et qui dois-je remercier pour cette vie magnifique que j'ai la chance de vivre, sinon vous, le public, les parents ? Car vous me faites le grand honneur de confier à mes soins votre plus grande contribution à l'éternité du monde, vos enfants.

Ainsi donc mon passé est riche en souvenirs. Le temps présent est un défi, une aventure et un plaisir parce que j'ai la chance de passer mes journées en compagnie de l'avenir.

Je suis un professeur... et j'en remercie Dieu chaque jour.

John W. Schlatter

5

VIVRE SES RÊVES

Ceux qui disent qu'une chose est impossible à faire ne devraient pas importuner ceux qui sont en train de la faire.

Sûr que je peux !

Que vous soyez sûr d'y arriver ou sûr de ne pas y arriver, l'avenir vous donnera raison.

Henry Ford

Rocky Lyons, le fils du joueur de football Marty Lyons des Jets de New York, avait cinq ans et il était avec sa mère, Kelly, sur une route de campagne en Alabama. Étendu sur la banquette avant de leur camionnette, les pieds posés sur les genoux de sa mère, il s'était endormi.

Sa mère conduisait prudemment car c'était une route à deux voies, étroite et sinueuse. Elle s'apprêtait à s'engager sur un petit pont quand le camion heurta un nid de poule, dérapa et quitta la chaussée avant de s'arrêter sur l'accotement, la roue avant droite embourbée dans une ornière. Craignant que le camion ne bascule dans le ravin, elle essaya de le ramener sur la route en appuyant brusquement sur l'accélérateur en même temps qu'elle donnait un coup de volant vers la gauche. Mais le pied de Rocky se trouva coincé entre ses jambes et le volant et elle perdit le contrôle de la camionnette.

Le camion fit plusieurs tonneaux en dégringolant six ou sept mètres jusqu'au fond du ravin. Quand il s'immobilisa, Rocky se réveilla. « Que se passe-t-il, maman ? Nos roues pointent vers le ciel. »

Kelly était aveuglée par le sang. Le bras de vitesse lui avait fracassé le visage, qui n'était plus qu'une plaie béante de la bouche jusqu'au front. Ses gencives étaient arrachées, ses joues pulvérisées, ses épaules broyées. Avec une autre blessure à l'aisselle où un os fracturé avait traversé la chair, elle était clouée contre la portière complètement emboutie.

« Je vais te sortir de là », annonça Rocky, qui par miracle s'en était tiré sans aucune blessure. Il se faufila sous le corps de Kelly, se glissa par la fenêtre ouverte et tenta de la faire sortir en la tirant vers lui. Mais elle ne bougeait pas. « Laisse-moi dormir » l'implora Kelly, qui perdait et reprenait connaissance par secousses. « Non, maman, insista Rocky. Il ne faut pas que tu dormes. »

Rocky se glissa à l'intérieur du camion et réussit à en faire sortir Kelly en la poussant par la fenêtre. Il lui dit alors qu'il allait gravir le ravin jusqu'à la route où il arrêterait une voiture pour avoir de l'aide. Craignant que personne ne puisse voir son petit garçon dans le noir, Kelly refusa de le laisser partir seul. Au lieu de cela, ils gravirent lentement le ravin, Rocky s'aidant de ses 20 kilos pour pousser les 50 kilos de sa mère jusqu'en haut. Ils grimpaient centimètre par centimètre. La douleur était si grande que Kelly voulait abandonner, mais Rocky l'obligeait à persévérer.

Pour encourager sa mère, Rocky lui dit de penser « au petit train » qui dans le conte pour enfants *Le petit train de la montagne* réussit à atteindre le haut d'une montagne escarpée. Il ne cessait de lui répéter sa version de la célèbre phrase d'encouragement : « Je suis sûr que tu peux, je suis sûr que tu peux. »

Quand ils arrivèrent enfin au niveau de la route, Rocky se mit à pleurer à chaudes larmes en voyant pour la première fois le visage ensanglanté de sa mère. Agitant les bras et criant « Arrêtez, s'il vous plaît, arrêtez ! », Rocky fit s'arrêter un camion. « Amenez maman à l'hôpital », dit-il au chauffeur.

Il fallut huit heures et 344 points de suture pour reconstruire le visage de Kelly. Elle ne se ressemble plus aujourd'hui : « J'avais un nez droit et long, des lèvres minces et des pommettes saillantes ; maintenant j'ai le nez rond et retroussé, des joues plates et de plus grosses lèvres. » Mais elle n'a que très peu de cicatrices visibles et elle s'est complètement remise de ses blessures.

L'héroïsme de Rocky a fait la une des journaux. Mais le courageux petit garçon affirme encore qu'il n'a rien fait d'extraordinaire. « Ce n'est pas comme si j'avais voulu que ça arrive, explique-t-il. J'ai fait ce que n'importe qui d'autre aurait fait. » Quant à sa mère, elle n'hésite pas à dire : « Sans Rocky, je serais morte au bout de mon sang. »

Raconté par
Michele Borba

R.I.P. : Les funérailles de « Je ne peux pas »

La classe de Donna ressemblait à la plupart des classes de quatrième année que j'avais vues par le passé. Les enfants étaient placés sur cinq rangs de six pupitres chacun. Le bureau de l'institutrice faisait face aux élèves, à l'avant de la salle. Sur le tableau d'affichage étaient exposés des travaux d'écoliers. C'était, en fin de compte, une salle de classe comme on en retrouve dans toutes les écoles élémentaires traditionnelles. Pourtant, quelque chose semblait différent ce jour-là où j'y suis entré pour la première fois. Il y avait de l'effervescence dans l'air.

Donna enseignait dans cette petite ville du Michigan depuis de nombreuses années, et il ne lui restait plus que deux ans à faire avant la retraite. De plus, elle avait accepté de participer à un programme de perfectionnement du personnel enseignant dont j'étais l'un des promoteurs et organisateurs. Le programme était axé sur les idées propres au langage des arts et avait pour but d'aider les élèves à se prendre en main et à se sentir bien dans leur peau. Le travail de Donna était d'assister aux séances de formation puis d'appliquer dans sa classe les concepts qu'elle y avait appris. Mon rôle à moi était de visiter les salles de classe et d'encourager la mise en oeuvre du programme.

Je me suis assis à l'arrière pour observer. Tous les enfants avaient une feuille de calepin sur laquelle ils étaient en train de jeter leurs idées ou leurs réflexions. L'élève de 10 ans assise à mes côtés remplissait sa page de « Je ne peux pas ».

« Je ne peux pas botter le ballon de soccer aussi loin que mon frère. »

« Je ne peux pas faire les divisions difficiles. »

« Je ne peux pas me faire une amie de Debbie. »

Sa page était à moitié pleine et elle ne montrait aucun signe de ralentissement. Elle travaillait avec détermination et persévérance.

En me promenant entre les rangs, je jetai un coup d'oeil sur les autres feuilles. Tous les élèves faisaient le même genre de phrases, soit l'énumération des choses qu'ils étaient incapables de faire.

« Je ne peux pas faire 10 push-ups. »

« Je ne peux pas frapper la balle par-dessus la clôture du champ gauche. »

« Je ne peux pas m'arrêter quand je mange des biscuits. »

L'exercice avait piqué ma curiosité, je ne comprenais pas ce qui se passait et je décidai d'aller m'en informer auprès de l'institutrice. Mais, en m'approchant, je me rendis compte qu'elle aussi était en train d'écrire. Je sentis qu'il valait mieux ne pas l'interrompre.

« Je ne peux pas convaincre la mère de John de venir rencontrer les professeurs. »

« Je ne peux pas faire comprendre à ma fille qu'elle doit remplir le réservoir d'essence. »

« Je ne peux pas convaincre Allan que les coups de poing n'arrangent rien. »

Désespérant de pouvoir comprendre pourquoi élèves et institutrice insistaient sur les aspects négatifs au lieu d'écrire des affirmations positives commençant par « Je peux », je retournai à mon siège et continuai d'observer. Ils écrivirent encore une dizaine de minutes. La plupart avaient rempli leur page. Certains en commencèrent une autre.

« Finissez votre phrase mais n'en commencez pas d'autre », furent les instructions de Donna pour signifier la fin de l'exercice. Elle dit ensuite aux élèves de plier leurs feuilles en deux avant de les lui apporter. Quand ils arrivaient devant son bureau, les élèves déposaient leurs « je ne peux pas » dans une boîte à chaussures vide.

Après que les élèves eurent remis leurs feuilles, Donna y ajouta les siennes. Elle referma la boîte, la glissa sous son bras, sortit de la salle et s'engagea dans le corridor. Les élèves suivirent l'institutrice. Je suivis les élèves.

À mi-chemin du corridor, la procession s'arrêta. Donna entra dans la remise du concierge, farfouilla à l'intérieur pendant un moment et en sortit avec une pelle. La pelle dans une main, la boîte dans l'autre, Donna guida les élèves hors des murs de l'école et jusqu'au coin le plus éloigné de la cour. Là, ils commencèrent à creuser.

Ils allaient enterrer leurs « je ne peux pas » ! Il leur fallut plus de 10 minutes pour creuser parce que la plupart des enfants voulaient donner un coup de pelle. Quand le trou eut environ un mètre de profondeur, on cessa de creuser. La boîte de « Je ne peux pas » fut déposée au fond du trou et vite recouverte de terre.

Trente et un enfants de 10 et 11 ans se tenaient immobiles autour de la tombe fraîchement creusée. Chacun avait au moins une page pleine de « Je ne peux pas » dans cette boîte, un mètre sous terre. Leur institutrice aussi.

À un moment donné, Donna prit la parole : « Les enfants, donnez-vous la main et baissez la tête. » Les élèves obéirent. Ils formèrent rapidement un cercle autour de la tombe et ils firent la chaîne avec leurs mains. Ils baissèrent la tête et attendirent. Donna fit l'éloge funèbre.

« Nous sommes réunis ici aujourd'hui pour honorer la mémoire de « Je ne peux pas ». Tout le temps qu'il a vécu parmi nous, il a eu sur nous tous, et sur certains d'entre nous plus particulièrement, une très grande influence. On a proféré son nom, malheureusement, dans tous les édifices publics : écoles, hôtels de ville, parlements et oui, même à la Maison-Blanche. » ?

« Nous tenions à ce que « Je ne peux pas » ait une dernière demeure ainsi qu'une pierre tombale et une épitaphe. Il laisse dans le deuil ses frères et sa soeur, « Je le peux », « Je le ferai » et « Je le fais immédiatement ». Ils ne sont pas aussi connus que leur célèbre parent et ne sont certainement pas encore aussi forts et puissants. Mais peut-être un jour, grâce à vous, auront-ils sur le monde une influence encore plus grande. »

« Puisse « Je ne peux pas » dormir en paix et puissions-nous tous ici présents aller de l'avant en son absence. Amen. »

En écoutant l'éloge funèbre, je me suis rendu compte que ces élèves n'oublieraient jamais cette journée-là. Le geste était symbolique, c'était une métaphore de la vie. C'était une expérience du cerveau droit qui resterait à jamais gravée dans le conscient et l'inconscient de ces enfants.

Écrire ses « je ne peux pas », les enterrer puis faire l'éloge funèbre. Cette institutrice s'était donné beaucoup de mal. Et ce n'était pas terminé. Après la cérémonie, Donna et les élèves retournèrent en classe pour la veillée mortuaire.

Ils célébrèrent la mort de « Je ne peux pas » avec des biscuits, du pop-corn et des jus de fruits. Durant la célébration, Donna découpa une pierre tombale dans une grande feuille de carton. Elle écrivit les mots « Je ne peux pas » en haut et R.I.P. au milieu. On ajouta la date en bas.

La pierre tombale en carton demeura suspendue dans la classe de Donna le restant de l'année. Les rares fois où un élève s'oubliait et disait « Je ne peux pas », Donna lui montrait simplement du doigt l'affiche R.I.P. L'élève se rappelait alors que « Je ne peux pas » était mort et choisissait de reprendre sa phrase autrement.

Je n'étais pas l'un des élèves de Donna. C'était l'une

des miennes. Pourtant, ce jour-là, elle m'a donné une leçon que je n'oublierai pas.

Encore aujourd'hui, des années plus tard, chaque fois que j'entends une phrase commençant par « Je ne peux pas », je revois des images de ces funérailles de quatrième année. Comme les élèves, je me souviens alors que « Je ne peux pas » est mort et enterré.

Chick Moorman

L'histoire du 333

Je dirigeais un séminaire de week-end au Deerhurst Lodge près de Toronto. Le vendredi soir, une tornade a dévasté une ville plus au nord appelée Barrie, faisant des douzaines de morts et plusieurs millions de dollars de dégâts matériels. Le dimanche soir, en retournant chez moi, j'arrêtai ma voiture à la hauteur de Barrie. Il y avait partout où je regardais des maisons effondrées et des voitures renversées.

Le même soir, Bob Templeton roulait sur la même autoroute. Il arrêta sa voiture pour voir le désastre comme je l'avais fait, sauf que ses pensées étaient différentes des miennes. Bob était vice-président de la compagnie Télémédia Communications qui possède plusieurs stations de radio au Québec et en Ontario. Il se disait qu'avec toutes ces stations de radio, ils devaient bien pouvoir faire quelque chose pour ces gens.

Le lendemain soir, je donnais une autre conférence à Toronto. Bob Templeton et Bob Johnson, un autre vice-président chez Télémédia, y assistèrent, debout à l'arrière de la salle. Ils étaient tous deux convaincus qu'il fallait trouver quelque chose pour aider les habitants de Barrie. Après la conférence, nous sommes retournés au bureau de Bob. Il n'y avait alors plus l'ombre d'un doute dans son esprit : d'une manière ou d'une autre, il viendrait en aide aux victimes de la tornade.

Le vendredi suivant, il convoqua tous les cadres de Télémédia dans son bureau. En haut de la première page d'un tableau à feuilles mobiles, il écrivit trois fois le chiffre 3. Ensuite il dit aux cadres : « Aimeriez-vous amasser trois millions de dollars en trois heures d'ici à trois jours et donner cet argent aux gens de Barrie ? » Il n'y eut aucune réaction, qu'un profond silence.

Finalement quelqu'un dit : « Tu es complètement fou, Templeton. On ne pourrait jamais faire ça. »

« Attendez, dit Bob. Je ne vous demande pas si vous *pourriez* ni même si vous *devriez* le faire. Je vous demande simplement si vous *aimeriez* le faire. »

« Bien sûr que nous *aimerions* le faire », répondirent-ils. Templeton écrivit alors un grand T sous le 333. D'un côté de la ligne verticale il écrivit : « Pourquoi c'est impossible », et de l'autre : « Comment nous allons le faire. »

« Je vais mettre un grand X sur l'« impossible ». On n'a pas de temps à perdre de ce côté-là. C'est sans intérêt. De l'autre côté, je vais écrire toutes les idées qui nous viennent à l'esprit sur la manière d'amasser cet argent. On ne quittera pas cette pièce tant qu'on n'aura pas trouvé. » Il y eut un autre silence.

Puis quelqu'un suggéra : « Nous pourrions faire une émission de radio qui serait diffusée d'un bout à l'autre du Canada. »

« C'est une bonne idée », dit Bob, et il l'écrivit.

Il n'avait pas fini de l'écrire que déjà quelqu'un

disait : « On ne peut pas diffuser une émission de radio d'un bout à l'autre du Canada. On n'a pas de stations partout au Canada. » C'était une objection valable. Ils n'avaient de stations qu'au Québec et en Ontario.

Templeton répondit : « Raison de plus pour le faire. Je conserve la suggestion. » Mais c'était une très bonne objection parce que la radio est un marché très compétitif. Les stations n'ont pas l'habitude de travailler ensemble et il serait presque impossible de changer leur façon de penser.

Tout à coup quelqu'un suggéra : « On pourrait demander à Harvey Kirk et Llyod Robertson, deux noms célèbres partout au Canada, de présenter l'émission ? » (C'est comme si on demandait à Bernard Derome et Pierre Bruneau. Ils présentent les bulletins de nouvelles à la télévision nationale. Ils ne font pas de radio.) Mais à partir de cette suggestion, les idées se sont mises à pleuvoir d'une façon absolument incroyable.

C'était le vendredi. Le mardi suivant ils présentaient un radiothon. Cinquante stations de radio d'un bout à l'autre du pays avaient accepté de le diffuser. Qu'importe si personne en particulier ne pouvait s'en attribuer le mérite, pourvu que les gens de Barrie reçoivent leur argent. Harvey Kirk et Lloyd Robertson présentèrent l'émission et réussirent à recueillir trois millions de dollars en trois heures seulement, trois jours ouvrables après que Bob Templeton en ait eu l'idée.

Vous voyez tout ce qu'il est possible d'accomplir quand on se concentre sur les façons de faire plutôt que de chercher les raisons de ne rien faire. *Bob Proctor*

Demandez, demandez, demandez

La meilleure vendeuse au monde ne s'offusquera pas si vous la tutoyez. C'est que Markita Andrews n'avait que 7 ans quand elle a commencé et qu'à l'âge de 14 ans elle avait déjà vendu pour plus de 80 000 $ de biscuits scouts.

La timide Markita, qui faisait du porte-à-porte tous les jours après l'école, s'est transformée en une extraordinaire machine à vendre des biscuits lorsqu'elle a découvert, à l'âge de 13 ans, le secret de la vente.

C'est le désir, le brûlant, l'insatiable désir de vendre.

Le rêve de Markita et de sa mère, qui s'était trouvé un emploi de serveuse à New York après que son mari l'eut quittée, était de faire le tour du monde. « Je vais travailler fort et gagner assez d'argent pour t'envoyer à l'université, lui dit sa mère un jour. Et toi, quand tu auras ton diplôme, tu gagneras assez d'argent pour m'emmener faire le tour du monde. C'est d'accord ? »

Alors quand Markita, à 13 ans, lut dans un magazine des Girl-Scouts que le scout qui vendrait le plus grand nombre de biscuits gagnerait un voyage pour deux autour du monde tous frais payés, elle décida de vendre le plus de biscuits possible — d'en vendre tellement que personne au monde ne pourrait jamais plus en vendre autant !

Mais le désir seul ne suffit pas. Pour que son rêve se réalise, Markita savait qu'elle devait s'organiser.

« Porte toujours les bons vêtements, tes vêtements de vendeuse professionnelle, lui dit sa tante. Quand tu fais des affaires, habille-toi comme une femme d'affaires. Porte ton uniforme scout. Quand tu vas voir les gens dans leur immeuble à appartements à quatre heures et demie ou six heures et demie et surtout le vendredi soir, demande qu'ils te passent une grosse commande. Souris tout le temps, qu'ils achètent ou non, et sois toujours polie. Et ne leur demande pas d'acheter tes biscuits, demande-leur d'investir. »

Plusieurs autres scouts voulaient gagner ce voyage. Plusieurs autres scouts, sans doute, s'étaient organisés. Mais seule Markita était prête à revêtir son uniforme tous les jours après l'école, et à demander aux gens — à ne pas cesser de leur demander — d'investir dans son rêve. « Bonjour, je vous parle de mon rêve, disait-elle dès qu'on lui ouvrait la porte. J'essaie de gagner un voyage autour du monde pour ma mère et moi en faisant le commerce des biscuits scouts. Voudriez-vous investir dans une ou deux douzaines de boîtes de biscuits ? »

Markita vendit 3526 boîtes de biscuits scouts cette année-là et c'est elle qui gagna le voyage autour du monde. En tout, elle a vendu plus de 42 000 boîtes de biscuits ; elle donne maintenant des conférences sur l'art de la vente partout aux États-Unis ; les studios Disney ont fait un film sur ses aventures dans lequel elle a joué son propre rôle ; et elle a écrit en collaboration le best-seller intitulé *Comment vendre plus de biscuits, de condominiums, de Cadillacs, d'ordinateurs... et de tout ce que vous voudrez.*

Markita n'est pas plus intelligente ni plus extravertie que des milliers d'autres personnes, jeunes ou vieilles, qui ont leurs propres rêves. Avec cette différence que Markita a découvert le secret de la vente : demander ! demander ! demander ! Plusieurs personnes échouent avant même d'avoir commencé parce qu'elles n'osent pas demander ce qu'elles veulent. La peur d'être rejeté nous amène souvent à rejeter nos rêves et à nous rejeter nous-même bien avant que quelqu'un d'autre n'ait la chance de le faire — peu importe ce que nous vendons.

Et tout le monde a quelque chose à vendre. « Vous vous vendez vous-même chaque jour — à l'école, à votre patron, aux gens que vous rencontrez pour la première fois, dit Markita à l'âge de 14 ans. Ma mère est serveuse : elle vend le spécial du jour. Les maires et les présidents qui veulent obtenir des votes se vendent... Madame Chapin était l'une de mes institutrices préférées. Elle réussissait à rendre la géographie passionnante, et cela c'est le comble de la vente... Je vois de la vente partout autour de moi. La vente fait partie intégrante du monde. »

Il faut du courage pour demander ce qu'on veut. Le courage n'est pas l'absence de peur. C'est faire ce qu'il faut en dépit de la peur. Et, comme Markita l'a découvert, plus vous demandez, plus la chose devient facile et agréable.

Un jour, en direct à la télévision, le producteur de l'émission décida de mettre les talents de Markita à rude épreuve. Il la mit au défi de vendre des biscuits scouts à un autre des invités de l'émission. « Voudriez-vous investir dans une ou deux douzaines de boîtes de biscuits scouts ? » demanda-t-elle.

« Des biscuits scouts ? répliqua l'invité. Ce n'est pas à moi, le directeur d'une prison d'État, qu'il faut demander d'acheter des biscuits scouts ! Je dois surveiller nuit et jour 2000 violeurs, voleurs, criminels, tueurs et agresseurs d'enfants. »

Imperturbable, Markita répliqua promptement : « Monsieur, si vous preniez des biscuits, peut-être que vous ne seriez plus aussi bête et méchant. Et puis je pense que ce serait une bonne idée que vous rapportiez des biscuits à chacun de vos 2000 prisonniers. »

Markita avait demandé.

Le directeur de prison lui fit un chèque.

Jack Canfield et Mark V. Hansen

Ne le dites pas à Angela

Angela, une petite fille de 11 ans, était aux prises avec une maladie invalidante affectant son système nerveux. Elle était incapable de marcher et sa motricité en général était très limitée. Les docteurs n'avaient pas beaucoup d'espoir de la voir guérir de cette maladie. Ils prédirent qu'elle passerait le reste de sa vie dans un fauteuil roulant. Ils disaient que rares étaient les personnes, si tant est qu'il y en ait, qui pouvaient reprendre une vie normale après avoir contracté cette maladie. La petite fille ne se laissait pas abattre. Là, étendue sur son lit d'hôpital, elle jurait à qui voulait l'entendre qu'un jour elle pourrait à nouveau marcher.

On la transféra dans un centre de rééducation dans la région de San Francisco. Toutes les thérapies qui pouvaient s'appliquer à son cas furent employées. Les thérapeutes furent charmés par son indomptable courage. Ils lui apprirent à visualiser — à se voir elle-même en train de marcher. Quand même elle n'en retirerait rien d'autre, cet exercice lui donnerait au moins un peu d'espoir et quelque chose de positif à faire durant ses longues heures de veille clouée au lit. Angela travaillait aussi fort que possible en physiothérapie, dans le bain tourbillon et durant les séances d'exercices. Mais elle travaillait tout aussi fort quand elle était couchée dans son lit, se visualisant en train de bouger, bouger, bouger !

Un jour, tandis qu'elle essayait de toutes ses forces d'imaginer que ses jambes bougeaient, une sorte de miracle se produisit. Le lit bougea ! Il se mit à bouger et même à se déplacer dans la pièce. « Regardez ce que je fais ! cria Angela. Regardez ! Regardez ! Il a bougé ! Il a bougé ! »

Bien sûr, au même moment, tout le monde dans l'hôpital criait comme elle, et courait pour se mettre à l'abri. Les gens criaient, le matériel tombait par terre et les vitres éclataient. C'était le jour, voyez-vous, du plus récent tremblement de terre à San Francisco. Mais ne le dites pas à Angela. Elle est sûre que c'est elle qui a fait ça. Et maintenant, à peine quelques années plus tard, elle est de retour à l'école. Sur ses deux jambes. Sans béquilles, sans fauteuil roulant. Quelqu'un qui peut faire trembler la terre de San Francisco à Oakland peut bien vaincre une petite maladie de rien du tout, vous ne pensez pas ?

Hanoch McCarty

Tommy et la paix dans le monde

C'est dans notre église de Huntington Beach que j'ai fait la connaissance de Tommy. Après m'avoir entendu parler de la *Children's Bank*, un petit garçon est venu à moi et m'a serré la main en disant : « Bonjour, je m'appelle Tommy Tighe, j'ai six ans et j'aimerais emprunter de l'argent à votre banque pour enfants. »

« Tu sais que c'est l'un de mes buts, répondis-je, prêter de l'argent aux enfants. Et jusqu'ici tous les enfants m'ont remboursé. Que veux-tu faire, Tommy ? »

« Depuis l'âge de quatre ans, dit-il, j'ai le pressentiment que je pourrais amener la paix sur la terre. Je veux faire un autocollant avec cette inscription : LA PAIX, S'IL VOUS PLAÎT, FAITES-LE POUR NOUS, LES ENFANTS », signé « Tommy ».

« Je veux bien embarquer là-dedans », dis-je. Il avait besoin de 454 $ pour faire fabriquer 1000 autocollants. La *Mark Victor Hansen Children's Free Enterprise Fund* fit un chèque à l'ordre de l'imprimeur des autocollants.

Le père de Tommy me souffla à l'oreille : « S'il ne rembourse pas le prêt, allez-vous saisir sa bicyclette ? »

« Non, dis-je, mais touchons du bois. Tous les enfants ont un sens moral, une intégrité et une honnêteté qui sont innés en eux. Il faut qu'on leur *apprenne* à faire le contraire. Je crois qu'il va me rembourser. » Si vous avez un enfant qui a plus de neuf ans, laissez-le *gagner* son propre argent mais assurez-vous qu'il travaille pour une personne honnête et intègre sur qui il pourra prendre exemple.

Nous avons donné à Tommy des cassettes de tous mes enregistrements. Il a écouté chaque cassette 21 fois et il a fait sienne toute ma philosophie. On y suggère, entre autres, de « toujours commencer au sommet ». Tommy réussit à convaincre son père de le conduire en voiture jusqu'à la maison de Ronald Reagan. Tommy sonna à la grille et un gardien vint répondre. En deux minutes, Tommy lui avait débité un argumentaire de vente absolument irrésistible. Le gardien fouilla dans sa poche, donna un dollar cinquante à Tommy et dit : « Voici, j'en prends un pour moi. Maintenant attends-moi ici, je vais aller chercher l'ancien président. »

« Pourquoi lui as-tu demandé d'en acheter un ? »

« Vous dites sur vos cassettes de demander à tout le monde », répondit-il.

« C'est vrai, c'est vrai. C'est ma faute. »

Il envoya un autocollant à Mikhaïl Gorbatchev avec une facture de 1,50 $ en fonds U.S. Gorbatchev lui envoya 1,50 $ et une photo de lui sur laquelle il avait écrit : « Vas-y pour la paix, Tommy », et c'était signé : « Mikhaïl Gorbatchev, président ».

Puisque je collectionne les autographes, j'ai proposé à Tommy de lui acheter la photo. « Je vais te donner 500 $ pour l'autographe de Gorbatchev. »

« Non merci, Mark. »

« Tommy, tu sais que je possède plusieurs compagnies. Quand tu seras plus vieux, j'aimerais t'engager. »

« Vous voulez rire ? répondit-il. Quand je serai plus vieux, c'est moi qui vais vous engager. »

Le *Orange County Register* publia, dans son édition du dimanche, une série d'articles sur Tommy, intitulée « *Children's Free Entreprise and me* ». Le journaliste Marty Shaw interviewa Tommy durant six heures et en fit un article phénoménal. Lorsque Marty lui demanda quelle influence il espérait avoir sur la paix mondiale, Tommy répondit : « Je pense que je ne suis pas encore assez vieux. Je pense qu'il faut avoir au moins huit ou neuf ans pour arrêter toutes les guerres qu'il y a dans le monde. »

« Qui sont tes héros ? » demanda Marty.

« Mon père, George Burns, Wally Joiner et Mark Victor Hansen. » Tommy a du goût en matière de héros.

Trois jours plus tard, j'ai reçu un coup de fil des cartes de souhaits Hallmark. Un franchisé leur avait faxé une copie de l'interview de Tommy publié dans le *Register*. Leur congrès annuel aurait lieu prochainement à San Francisco et ils voulaient que Tommy soit l'un des conférenciers. Après tout, ils connaissaient les buts que Tommy s'était donnés :

1. M'informer des coûts (dimensions d'une carte de baseball).
2. Faire imprimer les autocollants.
3. Planifier le remboursement du prêt.
4. Trouver la bonne manière de me faire connaître.
5. Me procurer les adresses des chefs d'État.
6. Écrire à tous les présidents et chefs d'État des pays étrangers et leur envoyer gratuitement un autocollant.
7. Parler de la paix à tout le monde.
8. Appeler les kiosques à journaux et leur parler de mon affaire.
9. En discuter avec l'école.

Hallmark voulait que ma compagnie, *Look who's talking*, engage Tommy à titre de conférencier. Bien qu'il n'y eût jamais de conférence, le délai de deux semaines étant trop court, les pourparlers entre Hallmark, Tommy et moi furent amusants, réjouissants et stimulants.

Joan Rivers appela Tommy Tighe pour l'inviter à son émission de télévision. Quelqu'un lui avait aussi fait parvenir par fax une copie de l'interview de Tommy dans le *Register*.

« Tommy, dit Joan au téléphone, c'est Joan Rivers qui parle et j'aimerais que tu viennes à mon émission de télévision qui est regardée par des millions de personnes. »

« Fantastique ! » dit Tommy, qui ne connaissait Joan Rivers ni d'Ève ni d'Adam.

« Je vais te payer 300 $ », dit Joan.

« Fantastique ! » dit Tommy. Ayant écouté maintes et maintes fois mes conférences intitulées « Sell Yourself Rich », Tommy ne pouvait pas se contenter de si peu. « J'ai juste huit ans, dit-il, alors je ne peux pas aller là-bas tout seul. Vous pouvez payer pour ma mère aussi, n'est-ce pas, Joan ? »

« Oui ! » répondit Joan.

« En passant, je viens d'écouter l'émission *La vie des gens riches et célèbres* et quelqu'un a dit qu'il faut descendre au Trump Plaza quand on va à New York. Vous pouvez arranger ça pour nous, n'est-ce pas, Joan ? »

« Oui », répondit-elle.

« L'émission disait aussi qu'à New York il faut visiter l'Empire State Building et la statue de la Liberté. Vous pouvez nous obtenir des tickets, Joan ? »

« Oui... »

« Fantastique. Est-ce que je vous ai dit que ma mère ne savait pas conduire ? Alors on pourra prendre votre limousine, n'est-ce pas, Joan ? »

« Bien sûr », dit Joan.

La prestation de Tommy au Joan Rivers Show a charmé tout le monde : Joan, les caméramen, le public en studio et les téléspectateurs. Il était tellement beau, intéressant, sincère... et facile à faire parler. Il a raconté des histoires si captivantes et si convaincantes qu'on a vu des gens dans l'assistance fouiller dans leurs poches et sortir leur portefeuille, prêts à acheter un autocollant sur-le-champ.

À la fin de l'émission, Joan se pencha en avant et demanda : « Tommy, penses-tu vraiment que ton autocollant va amener la paix sur la terre ? »

Enthousiaste, Tommy répondit avec un sourire radieux : « Eh bien, en deux ans j'ai déjà réussi à faire tomber le mur de Berlin. Ça ne va pas si mal, non ? »

Mark V. Hansen

Demandez et vous recevrez... Et plus vous demandez, plus vous recevrez.

Ma femme Linda et moi vivons en Floride, à Miami. À l'époque où nous venions de mettre sur pied notre programme de formation appelé Little Acorns — dont le but est d'apprendre aux enfants à s'aimer eux-mêmes et à dire non aux drogues, à la promiscuité sexuelle et à toute forme d'autodestruction —, nous avons reçu une brochure annonçant la tenue d'une conférence éducative à San Diego. En feuilletant la brochure et en voyant les noms de tous les gens importants qui assisteraient à cette réunion, nous avons compris qu'il était absolument nécessaire que nous y allions. Mais comment ? Nous en étions encore à nos tout débuts, la maison nous servait de bureau et les travaux préparatoires avaient pour ainsi dire épuisé toutes nos économies. Nous n'avions pas les moyens de payer les billets d'avion ni aucun des autres frais. Mais il fallait que nous y allions, alors il ne nous restait plus qu'à demander.

La première chose que j'ai faite a été de téléphoner aux organisateurs de la conférence à San Diego en leur expliquant pourquoi il fallait absolument que nous soyons là et en espérant qu'ils acceptent de nous donner deux billets de faveur. Quand je leur ai expliqué notre situation, ce que nous faisions et pourquoi nous devions être là, ils ont dit oui. Maintenant, nous avions les billets.

J'ai dit à Linda que nous avions les billets donnant accès à la conférence. « Fantastique ! dit-elle. Mais nous sommes à Miami et c'est à San Diego. Qu'allons-nous faire à présent ? »

« Il faut trouver le moyen de transport. » J'ai appelé une compagnie aérienne dont je savais que ses affaires allaient bien. La femme qui répondit au téléphone se trouvait être la secrétaire du président, alors je lui ai dit ce dont j'avais besoin. Elle m'a tout de suite passé le président, Steve Quinto. Je lui ai dit que je venais de parler aux gens de la conférence à San Diego, qu'ils nous avaient donné des billets de faveur mais qu'il nous restait à trouver le moyen d'aller là-bas. Pourrait-il à son tour nous faire don de deux billets d'avion aller retour Miami-San Diego ? « Bien sûr que oui », dit-il, et voilà ! Ç'a été vite fait, mais c'est ce qu'il m'a dit ensuite qui m'a vraiment jeté par terre : « Merci d'avoir demandé. »

« Pardon ? »

« Je n'ai pas souvent l'occasion de faire quelque chose pour rendre le monde meilleur, dit-il, à moins qu'on me le demande. La meilleure chose à faire, dans ce cas-ci, c'est de donner ce que je peux donner et c'est ce que vous m'avez demandé. C'est une belle occasion et je veux vous remercier de me l'avoir fournie. »

J'étais soufflé mais j'ai quand même pensé à le remercier avant de raccrocher. J'ai dit à ma femme : « Chérie, on a les billets d'avion. » « Fantastique, dit-elle. Mais où allons-nous coucher ? »

J'ai ensuite téléphoné au Holiday Inn de Miami pour savoir où était situé leur siège social. Ils m'ont dit qu'ils étaient à Memphis, alors j'ai appelé le Tennessee et ils m'ont passé la personne à qui je voulais parler. C'était quelqu'un de San Francisco. Il s'occupait de tous les Holiday Inn de la Californie. Je lui ai expliqué ce que la compagnie aérienne avait fait pour nous et je lui ai demandé s'il pourrait trouver à nous loger durant trois jours. Il m'a dit que nous serions ses invités si nous acceptions de loger dans leur nouvel hôtel situé en plein coeur de San Diego. J'ai dit : « Oui, très bien. »

« Attendez, reprit-il, je dois vous prévenir que cet hôtel est à 50 kilomètres environ du campus où se tient la conférence. Vous devrez trouver le moyen de vous déplacer. »

« Je vais trouver, répondis-je, même s'il faut que j'achète un cheval. » Je l'ai remercié et j'ai dit à Linda : « Chérie, on a les billets de faveur, les billets d'avion et une chambre d'hôtel. Ce qu'il nous faut maintenant, c'est un moyen de faire la navette entre l'hôtel et le campus deux fois par jour. »

Alors j'ai appelé la compagnie de location d'autos National, je leur ai raconté mon histoire et leur ai demandé s'ils pourraient m'aider. Ils ont dit : « Est-ce qu'une nouvelle Oldsmobile 88 ferait l'affaire ? » J'ai dit oui.

En une journée, nous avions tout arrangé.

Finalement il n'y a que les repas, au début, que nous avons dû payer nous-mêmes, mais avant la fin de la conférence, durant l'une des assemblées générales, je me suis levé et j'ai raconté mon histoire devant tout le monde. « Si quelqu'un voulait bien nous emmener dîner de temps à autre, ce quelqu'un serait le bienvenu. » Environ 50 personnes ont bondi de leurs sièges et se sont portées volontaires et il y a donc quelques repas qui ne nous ont rien coûté.

Ç'a été une fin de semaine merveilleuse, nous avons appris un tas de choses et créé des liens avec des gens comme Jack Canfield qui siège encore sur notre conseil consultatif. De retour chez nous nous avons lancé le programme Little Acorns dont la clientèle, depuis, augmente du double environ chaque année. En juin dernier, nous recevions et diplômions notre 2250e famille. Nous avons également organisé deux importantes conférences appelées *Making the World Safe for our Children* auxquelles ont assisté des gens venus des quatre coins du monde. Des milliers d'éducateurs y ont découvert de nouvelles méthodes leur permettant d'apprendre aux enfants à s'aimer eux-mêmes, sans cesser pour autant de leur enseigner les matières de base.

Étaient invités à notre dernière conférence des éducateurs de 81 nations. Dix-sept pays ont envoyé des représentants officiels, dont certains ministres de l'éducation. De là ont découlé des invitations à venir implanter notre programme dans les endroits suivants :

Russie, Ukraine, Biélorussie, Kazakhstan, Mongolie, Taïwan, Îles Cook et Nouvelle-Zélande.

Alors vous voyez bien que pour obtenir tout ce qu'on veut il suffit de demander... plusieurs fois.

Rick Gelinas

La quête de Rick Little

À 5 h du matin, Rick Little s'est endormi au volant ; lancée à toute vitesse, sa voiture a fait un plongeon de trois mètres par-dessus un fossé avant d'aller s'écraser sur un arbre. Forcé de passer les 6 mois suivants sur un lit d'hôpital avec une fracture de la colonne vertébrale, Rick eut amplement le temps de réviser toute sa vie — chose pour laquelle ses 13 années de scolarité ne l'avaient pas préparé. À peine deux semaines après sa sortie de l'hôpital, il rentra chez lui un après-midi et trouva sa mère étendue par terre, à demi inconsciente, par suite d'une absorption massive de somnifères. Rick put encore se rendre compte à quel point son éducation scolaire l'avait mal préparé à affronter les difficultés de sa vie affective et sociale.

Durant les mois qui suivirent, cette idée germa en lui et se précisa peu à peu : créer un cours qui fournirait aux étudiants un outil durable de valorisation personnelle ainsi qu'un certain savoir-faire pour résoudre les conflits dans les relations humaines, sociales et personnelles. Les recherches qu'il fit pour savoir ce qu'un tel cours devrait inclure le mirent en présence d'une étude du *National Institute of Education* : on avait demandé à 2000 jeunes dans la trentaine s'ils trouvaient que leurs études secondaires les avaient bien préparés pour la vie dans le vrai monde. Plus de 80 % répondirent : « Absolument pas. »

On avait aussi demandé à ces mêmes personnes quelles étaient les habiletés qu'elles regrettaient maintenant de ne pas avoir acquises à l'école. En tête de liste venaient les questions de relations humaines : Mieux s'entendre avec ses proches. Trouver et conserver un emploi. Résoudre un conflit. Comment faire de bons parents. Comprendre le développement normal d'un enfant. Comment gérer ses affaires d'argent. Comment concevoir intuitivement le sens de la vie.

Inspiré par cette vision d'un cours où ces choses seraient enseignées, Rick abandonna ses études et se mit à visiter les écoles secondaires d'un bout à l'autre des États-Unis. Cherchant toujours à définir ce qu'un tel cours devrait comprendre, il posa les deux mêmes questions à plus de 2000 étudiants de 120 écoles secondaires :

1. Si l'on vous demandait de mettre au point le programme d'un cours où l'on vous aiderait à résoudre vos problèmes actuels tout en vous préparant à affronter ceux que l'avenir vous réserve, qu'y aurait-il dans ce programme ?
2. Parmi les problèmes auxquels vous êtes confrontés maintenant et dont on ne s'occupe pas suffisamment à la maison ni à l'école, quels sont les 10 plus importants ?

Étonnamment, les étudiants, qu'ils soient riches ou pauvres, de la banlieue ou des ghettos, donnèrent les mêmes réponses. La solitude et ne pas s'aimer soi-même apparaissaient en tête de liste. De plus, la liste des habiletés à acquérir était pareille à celle qu'avaient donnée les personnes âgées de 30 ans.

Rick coucha dans sa voiture pendant deux mois, dépensant au total 60 $. La plupart du temps il mangeait des tartines au beurre d'arachide. Certains jours, il ne mangeait pas du tout. Rick avait peu de ressources mais il était fidèle à son rêve.

La prochaine étape fut de dresser une liste de personnes faisant autorité dans le domaine de l'éducation, enseignants, conseillers d'orientation et psychologues. Il rendit visite et demanda conseil et assistance à toutes les personnes figurant sur sa liste. Bien qu'ils fussent très impressionnés par son approche — demander directement aux étudiants ce qu'ils veulent apprendre — ils ne lui furent pas d'un grand secours. « Vous êtes trop jeune. Retournez à l'université. Finissez vos études, puis reprenez ce projet. » Rien de très encourageant.

Pourtant, Rick persévéra. À 20 ans, il avait vendu sa voiture, ses vêtements, et les dettes qu'il avait contractées auprès de ses amis s'élevaient à 32 000 $. Quelqu'un lui suggéra de faire appel à une fondation pour obtenir des fonds.

Son premier rendez-vous avec le responsable d'une fondation régionale entraîna un grand désappointement. En entrant dans son bureau, Rick tremblait littéralement de peur. Le vice-président de la fondation était un homme énorme aux cheveux foncés et au visage sévère. Pendant une demi-heure, il écouta sans dire un mot pendant que Rick se vidait le coeur au sujet de sa mère, des 2000 étudiants qu'il avait rencontrés et de ce nouveau cours destiné aux élèves des écoles secondaires.

Quand il eut terminé, le vice-président lui montra une pile de dossiers. « Mon gars, dit-il, je suis ici depuis 20 ans. Nous avons subventionné tous ces programmes scolaires. Et ils ont tous échoué. Le tien aussi échouera. Pourquoi ? C'est évident. Tu n'as que 20 ans, tu n'as pas d'expérience, pas d'argent, pas de diplôme, rien ! »

En quittant les bureaux de la fondation, Rick se promit qu'un jour cet homme ravalerait ses paroles. Il concentra ses efforts sur les fondations intéressées à financer des projets pour les adolescents. Il passa des mois à rédiger des demandes de subvention — travaillant de l'aube jusqu'à tard dans la nuit. Toutes les demandes étaient préparées soigneusement pour satisfaire aux exigences et aux besoins particuliers de chaque fondation. Chaque demande fut mise à la poste avec les plus grands espoirs, et chacune lui fut renvoyée : rejetée.

Finalement, après le cent cinquantième refus, le peu de soutien dont Rick avait bénéficié jusque-là commença à s'effriter. Ses parents le suppliaient de retourner à l'université et Ken Greene, un enseignant qui avait quitté son emploi pour aider Rick à rédiger ses demandes, lui dit : « Écoute, Rick, je n'ai plus un sou et j'ai une femme et des enfants qui comptent sur moi. Je vais attendre la prochaine réponse. Mais si c'est un refus, je retourne à Toledo et je me remets à l'enseignement. »

Rick avait une dernière chance. Autant par désespoir que par conviction, il réussit à parlementer avec suffisamment de secrétaires pour obtenir un rendez-vous à déjeuner avec le docteur Russ Mawby, président de la fondation Kellogg. En allant au restaurant, ils passèrent devant un marchand de crèmes glacées. « Voulez-vous une glace ? » demanda Mawby. Rick fit signe que oui. Mais son anxiété le perdit. L'instant d'après il avait écrasé le cornet dans sa main, la crème glacée au chocolat lui coulait entre les doigts et il essayait, par des battements de main aussi frénétiques que furtifs, de s'en débarrasser avant que le docteur Mawby ne le voie. Mais Mawby le vit, éclata de rire et retourna chez le marchand chercher un tas de serviettes en papier.

Misérable et rouge de honte, le jeune homme monta dans l'automobile. Comment osait-il quêter des fonds pour un nouveau programme scolaire quand il venait de faire la preuve qu'on ne pouvait même pas lui confier un cornet de crème glacée ?

Deux semaines plus tard, Mawby téléphona : « Vous avez demandé 55 000 $. Je suis désolé mais le conseil d'administration a rejeté cette demande. » Rick sentit les larmes lui monter aux yeux. Pendant deux ans, il avait poursuivi un rêve, et maintenant c'était fini.

« Au lieu de quoi, ajouta Mawby, le conseil a décidé par vote unanime de vous donner 130 000 $. »

Les larmes sont venues à ce moment-là. Rick a même eu de la difficulté à prononcer le mot merci.

Depuis ce temps Rick a amassé plus de 100 millions de dollars pour financer son rêve. Le programme *Quest Skills* est maintenant enseigné dans 32 pays étrangers et dans les 50 États américains. Chaque année trois millions de jeunes dans 30 000 écoles secondaires acquièrent une précieuse expérience de vie grâce à ce jeune homme de 19 ans qui n'acceptait pas qu'on lui dise non.

En 1989, à cause de son incroyable succès, Rick Little a obtenu une subvention de 65 millions de dollars — de toutes les subventions jamais accordées aux États-unis, c'est la seconde en importance — pour créer la *International Youth Foundation*. Le but de cette fondation est d'identifier les programmes jeunesse qui ont du succès pour ensuite les implanter dans le monde entier.

La vie de Rick Little est une preuve éclatante du pouvoir que confèrent les plus nobles aspirations quand elles se conjuguent avec la volonté d'aller, sans cesser de demander, jusqu'au bout de son rêve.

Peggy Mann

Magie de la foi

Je ne suis pas assez vieux pour jouer au base-ball ou au football. Je n'ai pas encore huit ans. Ma mère m'a dit que quand j'aurai l'âge de jouer au base-ball je ne pourrai pas courir très vite à cause de mon opération. J'ai dit à maman que je n'aurais pas besoin de courir vite. Quand je jouerai au base-ball, je me contenterai de frapper des coups de circuit. Ensuite je n'aurai plus qu'à marcher.

Edward J. McGrath, jr
« An Exceptional View of Life »

Les buts de Glenna

En 1977, je vivais seule avec trois petites filles à élever, une hypothèque à rembourser, une voiture à payer et quelques vieux rêves à satisfaire.

Un soir, j'ai assisté à un séminaire où j'ai entendu un homme parler du principe I + C = R (Imagination plus Clarté égalent Réalité). L'orateur faisait remarquer que l'esprit pense en images et non en mots. Et qu'il suffit d'avoir en tête une image claire de ce que nous désirons pour que ce désir devienne réalité.

Ce concept a libéré en moi une veine de créativité. Je connaissais les vérités bibliques, je savais que le Seigneur accorde à ses enfants « les désirs de leur coeur » (Psaumes 37,4), et que « le calcul qu'un homme fait en lui-même, c'est lui » (Proverbes 23,7). J'avais déjà une liste écrite de prières et je décidai de les changer en images. Je me suis mise à découper dans les magazines des images représentant « les désirs de mon coeur ». Je les ai rangées dans un bel album photos et j'ai attendu, remplie d'espoir.

Mes photos étaient très explicites. Il y avait :

1. Un bel homme.
2. Une femme en robe de mariée et un homme en smoking.
3. Des bouquets de fleurs (je suis une romantique).
4. Des bijoux et des diamants. (Je me disais qu'après tout, Dieu aimait David et Salomon et ce furent deux des hommes les plus riches du monde.)
5. Une île des Caraïbes.
6. Une belle maison.
7. De nouveaux meubles.
8. Une femme récemment nommée vice-présidente d'une grosse compagnie. (Je travaillais pour une entreprise qui ne comptait aucune femme parmi ses cadres. Je voulais devenir la première femme vice-présidente de cette compagnie.)

Environ huit semaines plus tard, vers 10 h 30 du matin, je roulais tout bonnement sur une autoroute de la Californie quand une superbe Cadillac rouge et blanche m'a dépassée. J'ai regardé la voiture parce que c'était une belle voiture. Le conducteur m'a regardée en souriant, et je lui ai souri parce que je souris tout le temps. Je m'étais fourrée dans un beau pétrin. Cela vous est-il déjà arrivé ? J'ai essayé de faire comme si je n'avais pas regardé. « Qui, moi ? Je ne vous ai pas regardé. » Il m'a suivie pendant 20 kilomètres. M'a fait une peur bleue ! Je faisais quelques kilomètres, il faisait quelques kilomètres. Je me rangeais, il se rangeait... et j'ai fini par l'épouser !

Le jour suivant notre premier rendez-vous, Jim m'a envoyé une douzaine de roses. J'ai appris plus tard qu'il avait un hobby. Son hobby était de collectionner les diamants. Les gros ! Et il cherchait quelqu'un à parer. Je me suis portée volontaire ! Nous sommes sortis ensemble pendant deux ans et chaque lundi matin je recevais une rose rouge avec un petit mot d'amour de sa part.

Environ trois mois avant la date prévue de notre mariage, Jim m'a dit : « J'ai trouvé l'endroit idéal pour notre voyage de noces. Nous allons à l'île Saint-John dans les Caraïbes. » J'ai répondu en riant : « Je n'aurais jamais deviné ! »

Je ne lui ai rien dit au sujet de mon album photos avant notre premier anniversaire de mariage. C'est aussi l'époque où nous emménagions dans notre nouvelle maison, une maison superbe que nous avons garnie de tous les meubles élégants que j'avais imaginés. (Jim était grossiste et concessionnaire sur la côte ouest d'un des plus grands fabricants de meubles de la côte est.)

En passant, le mariage eut lieu à Laguna Beach, Californie, et la robe et le smoking y devinrent à leur tour des réalités. Huit mois après avoir créé l'album de mes rêves, je devins vice-présidente responsable des ressources humaines à la compagnie où je travaillais.

Jusqu'à un certain point, je sais que cela ressemble à un conte de fée, mais c'est l'absolue vérité. Jim et moi avons créé plusieurs autres « albums photos » depuis que nous sommes mariés. Dieu a comblé nos vies de ces puissantes manifestations de la foi en action.

Examinez votre vie et tâchez de savoir ce que vous voulez dans tous les domaines. Imaginez des choses bien précises. Puis exécutez vos désirs en fabriquant votre propre album de buts. Transformez vos idées en réalités matérielles grâce à ce simple exercice. Il n'y a pas de rêve impossible. Et souvenez-vous : Dieu a promis d'accorder à ses enfants les désirs de leur coeur.

Glenna Salsbury

Une autre chose de faite

Un jour où il pleuvait sur Los Angeles, un jeune homme inspiré âgé d'une quinzaine d'années s'installa à sa table de cuisine et écrivit ces quatre mots sur un bloc-notes de grandes feuilles jaunes : « Mes buts de vie. » Sous ce titre, il écrivit 127 buts. Il en a depuis accompli 108. Regardez ci-dessous la liste de John Goddard. Ses buts ne sont pas simples ou faciles à atteindre. On y trouve entre autres l'ascension des plus hautes montagnes du monde, l'exploration de vastes plans d'eau, courir le 1500 mètres en cinq minutes, lire les oeuvres complètes de William Shakespeare et toute l'*Encyclopedia Britannica*.

Explorer :

1. Le Nil
2. L'Amazone
3. Le fleuve Congo
4. Le fleuve Colorado
5. Le Yang-Tsê Kiang, ou « fleuve Bleu », en Chine
6. Le Niger
7. L'Orénoque, au Venezuela
8. Le rio Coco, au Nicaragua

Étudier les sociétés primitives :

9. Au Congo
10. En Nouvelle-Guinée
11. Au Brésil
12. À Bornéo
13. Au Soudan (John a presque été enterré vivant durant une tempête de sable)
14. En Australie
15. Au Kenya
16. Aux Philippines
17. Au Tanganyika (maintenant la Tanzanie)
18. En Éthiopie
19. Au Nigeria
20. En Alaska

Faire l'ascension :

21. Mont Everest
22. L'Aconcagua, en Argentine
23. Mont McKinley
24. Mont Huascaran, au Pérou
25. Le Kilimandjaro
26. Mont Ararat, en Turquie
27. Mont Kenya
28. Mont Cook, en Nouvelle-Zélande
29. Le Popocatépetl, au Mexique
30. Le Mont Cervin (Matterhorn)
31. Mont Rainier
32. Mont Fuji
33. Le Vésuve
34. Le Bromo, Java
35. Grand Teton, dans le Wyoming
36. Mont Baldy, en Californie
37. Embrasser les professions de médecin et d'explorateur (a fait l'école préparatoire de médecine et traité des malades chez les peuples primitifs)

38. Voir tous les pays du monde (Il lui en reste 30 à visiter)
39. Étudier les Indiens Navajos et Hopis
40. Apprendre à piloter un avion
41. Participer à cheval au défilé du Rose Bowl

Photographier :

42. Les chutes de l'Iguaçu, au Brésil
43. Les chutes Victoria, en Rhodésie (où il fut poursuivi par un phacochère)
44. Les chutes Sutherland, en Nouvelle-Zélande
45. Les chutes du parc Yosemite
46. Les chutes du Niagara
47. Refaire les trajets parcourus par Marco Polo et Alexandre Le Grand

Exploration sous-marine :

48. Les récifs de corail en Floride
49. La Grande Barrière Australienne (a photographié une palourde de 120 kilos)
50. En mer Rouge
51. Aux Îles Fidji
52. Aux Bahamas
53. Explorer les Everglades et les marais d'Okeechobee

Visiter :

54. Les pôles Nord et Sud
55. La Grande Muraille de Chine
56. Les canaux de Panama et de Suez
57. L'île de Pâques
58. Les îles Galapagos
59. La Cité du Vatican (a vu le Pape)
60. Le Taj Mahal
61. La tour Eiffel
62. La grotte d'Azur (à Capri)
63. La tour de Londres
64. La tour de Pise
65. Le puits sacré de Chichén Itzá, au Mexique
66. Gravir l'Ayers Rock, en Australie
67. Longer le Jourdain, de la mer de Galilée jusqu'à la mer Morte

Nager dans :

68. Le lac Victoria
69. Le lac Supérieur
70. Le lac Tanganyika
71. Le lac Titicaca
72. Le lac de Nicaragua

Divers :

73. Devenir Scout première classe
74. Naviguer dans un sous-marin
75. Décoller et atterrir sur un porte-avions
76. Voler dans un dirigeable, une montgolfière et un planeur
77. Chevaucher un éléphant, un

chameau, une autruche et un cheval sauvage

78. Plonger à 15 mètres de profondeur et retenir ma respiration deux minutes et demie sous l'eau
79. Pêcher un homard de 5 kilos et un ormeau de 20 centimètres
80. Jouer de la flûte et du violon
81. Taper 50 mots/minute
82. Faire un saut en parachute
83. Apprendre le ski alpin et le ski nautique
84. Accompagner les prêtres d'une mission
85. Suivre la piste de John Muir
86. Étudier les médecines indigènes et rapporter ce qui peut être utile
87. Faire des safaris-photos et rapporter comme trophées des photos d'éléphants, de lions, de rhinocéros, de guépards, de bisons et de baleines
88. Apprendre l'escrime
89. Apprendre le jiu-jitsu
90. Donner un cours à l'université
91. Observer une cérémonie de crémation à Bali
92. Explorer les profondeurs de l'océan
93. Avoir un petit rôle dans un film de Tarzan (ce qui lui apparaît maintenant comme un rêve d'enfance sans importance)
94. Posséder un cheval, un chimpanzé, un guépard, un ocelot et un coyote (manquent encore le chimpanzé et le guépard)
95. Devenir radio-amateur
96. Fabriquer son propre télescope
97. Écrire un livre (sur sa remontée du Nil)
98. Publier un article dans le National Geographic

99. Sauter un mètre cinquante en hauteur
100. Sauter quatre mètres soixante en longueur
101. Courir le 1500 mètres en 5 minutes
102. Peser 80 kilos (c'est encore son poids)
103. Faire 200 sit-ups et 20 pull-ups
104. Apprendre le français, l'espagnol et l'arabe
105. Étudier les varans géants sur l'île de Komodo (le bateau est tombé en panne à 30 kilomètres de l'île)
106. Visiter le lieu de naissance de grand-père Sorenson au Danemark
107. Visiter le lieu de naissance de grand-père Goddard en Angleterre
108. Se faire engager comme marin sur un cargo
109. Lire toute l'*Encyclopedia Britannica* (s'est plongé longuement dans chaque volume)
110. Lire la Bible de bout en bout
111. Lire les oeuvres de Shakespeare, Platon, Aristote, Dickens, Thoreau, Poe, Rousseau, Bacon, Hemingway, Twain, Burroughs, Conrad, Talmage, Tolstoï, Longfellow, Keats, Whittier et Emerson (n'a pas lu toutes leurs oeuvres)
112. Se familiariser avec les compositions de Bach, Beethoven, Debussy, Ibert, Mendelssohn, Lalo, Rimski-Korsakov, Respighi, Liszt, Rachmaninov, Stravinski, Toch, Tchaïkovski, Verdi
113. Apprendre à se débrouiller avec un avion, une motocyclette, un tracteur, une planche de surf, une carabine, un pistolet, un canoë, un microscope, un

ballon de football, un ballon de basket-ball, un arc, un lasso et un boomerang

114. Composer de la musique
115. Jouer la *Sonate au Clair de lune* au piano
116. Observer les cérémonies de marche sur le feu (à Bali et au Surinam)
117. Faire cracher son venin à un serpent (a été mordu durant une séance de photos)
118. Allumer une allumette avec une carabine de calibre 22
119. Visiter un studio de cinéma
120. Gravir la pyramide de Chéops
121. Devenir membre des clubs *Explorers* et *Adventurers*
122. Apprendre à jouer au polo
123. Traverser le Grand Canyon à pied et en bateau
124. Naviguer autour du globe (4 fois)
125. Visiter la lune (« Un jour si Dieu le veut »)
126. Se marier et avoir des enfants (a 5 enfants)
127. Voir le 21e siècle (Il aura 75 ans)

John Goddard

Attention, bébé, j'arrive !

Il vaut mieux être prêt à saisir une occasion qui ne se présentera pas que de ne pas être prêt quand l'occasion se présente.

Whitney Young

Les Brown et son frère jumeau furent adoptés par Mamie Brown, une cuisinière et femme de ménage, peu après leur naissance dans un quartier pauvre de Miami.

Parce qu'il était hyperactif et bavard comme une pie, Les fut placé, dès l'école primaire et jusqu'à la fin du cours secondaire, dans des classes pour enfants ayant des difficultés d'apprentissage. Dès qu'il eut terminé ses études secondaires, la municipalité de Miami Beach l'engagea comme travailleur manuel. Mais Les rêvait de devenir disc-jockey.

Le soir, il s'installait dans son lit avec un petit transistor et il écoutait le « jive » des disc-jockeys de Miami. Il s'inventait un studio de radio à la mesure de sa petite chambre au linoléum déchiré. Une brosse à cheveux lui servait de microphone et il peaufinait son style, une manière bien à lui de présenter les chansons, en s'adressant chaque nuit à son auditoire fantôme.

Sa mère et son frère, qui pouvaient l'entendre de l'autre côté des minces murs de sa chambre, lui criaient qu'il était temps de se taire et d'aller dormir. Mais Les ne les écoutait pas. Il était absorbé par son propre monde, par son propre rêve.

Un jour qu'il avait pour tâche de couper le gazon dans les environs d'une station de radio, Les profita de la pause de midi pour aller se présenter au directeur. Il entra dans son bureau et lui dit qu'il voulait devenir disc-jockey.

Le directeur ouvrit de grands yeux sur ce jeune homme à l'air débraillé, en salopette et chapeau de paille : « As-tu de l'expérience dans le métier ? »

« Non, Monsieur, aucune », répondit Les.

« Eh bien, mon gars, dans ce cas j'ai bien peur qu'il n'y ait pas de travail pour toi. »

Les le remercia poliment et s'en alla. Le directeur de la station croyait bien ne plus jamais revoir ce jeune homme, mais c'était sous-estimer la profondeur de son engagement. C'est que Les, voyez-vous, avait un but plus élevé que le simple fait de devenir disc-jockey. Il voulait acheter une nouvelle maison pour sa mère adoptive, qu'il aimait profondément. Le travail de disc-jockey n'était qu'une étape vers cet autre but.

Mamie Brown lui avait enseigné à poursuivre ses buts, et Les était sûr qu'il réussirait à se faire engager en dépit de ce qu'on lui avait dit.

Alors Les retourna à la station chaque jour durant

une semaine, demandant chaque fois s'il n'y aurait pas un poste pour lui. Finalement, le directeur s'avoua vaincu et l'embaucha comme garçon de courses — sans salaire. Au début, il allait chercher du café ou des repas pour les disc-jockeys qui ne pouvaient pas quitter le studio. À la longue, son enthousiasme pour leur travail lui gagna la confiance des disc-jockeys, qui l'envoyaient parfois dans leurs Cadillacs chercher des célébrités comme les Temptations ou Diana Ross et les Supremes. Heureusement, personne ne savait que le jeune Les n'avait pas de permis de conduire !

Les faisait tout ce qu'on lui demandait, et plus encore. À force d'observer les disc-jockeys, il finit par apprendre par coeur les mouvements de leurs mains sur le tableau de contrôle. Il restait dans la cabine et s'imprégnait de tout ce qui s'y passait tant qu'on ne lui demandait pas de partir. Puis, de retour dans sa chambre le soir, il s'exerçait et se préparait à saisir l'occasion qui ne manquerait pas de se présenter.

Il arriva qu'un samedi après-midi, un disc-jockey nommé Rock se mit à boire à l'antenne. Les était la seule autre personne présente dans l'immeuble et il a vite compris que Rock ne pourrait plus tenir le coup très longtemps. Faisant les cent pas derrière la vitre de la cabine, il se disait à lui-même : « Bois, Rock, bois ! »

Les avait faim, et il était prêt. Il serait allé en courant acheter de l'alcool au coin de la rue si Rock le lui avait demandé. Quand le téléphone sonna, Les sauta dessus. C'était le directeur, comme il fallait s'y attendre.

« Les, c'est monsieur Klein. »

« Oui, dit Les, je sais. »

« Les, je ne pense pas que Rock puisse terminer l'émission. »

« Oui, Monsieur, je sais. »

« Voudrais-tu appeler un autre disc-jockey pour le remplacer ? »

« Oui, Monsieur, c'est ce que je vais faire. »

Mais en raccrochant, Les pensait plutôt : « Pas si fou ! »

Les téléphona, en effet, mais ce n'était pas pour faire venir un remplaçant. Il appela d'abord sa mère, puis sa petite amie. « Sortez dehors toutes les deux et allumez le poste de radio parce que je vais bientôt prendre les ondes ! »

Il attendit 15 minutes avant de rappeler. « Monsieur Klein, dit-il, je ne trouve personne. »

Monsieur Klein lui demanda alors : « Jeune homme, sais-tu comment fonctionne le tableau de contrôle ? »

« Oui, Monsieur », répondit Les.

Les se précipita dans la pièce, déplaça Rock gentiment et s'installa devant la table tournante. Il était prêt. Et il avait faim. Il s'empara du microphone et dit : « Attention, bébé, j'arrive ! Je m'appelle Les Brown et y en a pas deux comme moi. Y en a jamais eu d'autre et y en aura pas de sitôt. Je suis le seul et unique et c'est pas de la frime. Seul et célibataire et qui a tout pour vous plaire. Diplômé, patenté, tout équipé, indubitablement qualifié pour vous apporter satisfaction, et beaucoup d'action. Attention, Bébé, j'aaaarrrive ! »

À cause de sa présentation, Les était prêt. Il charma le public et son directeur général. Depuis ce jour fatidique, Les mène avec succès une carrière dans les communications, la politique, les conférences publiques et la télévision.

Jack Canfield

Prêt à faire tous les sacrifices

Il y a 13 ans, à l'époque où ma femme Marianne et moi venions d'ouvrir notre salon de coiffure au centre commercial Greenspoint, un homme d'origine vietnamienne avait l'habitude de venir chaque jour nous vendre des beignes. Il parlait à peine l'anglais mais il était toujours amical et c'est en nous exprimant par des gestes et des sourires que nous avons appris à nous connaître. Il s'appelait Le Van Vu.

Durant le jour, Le travaillait à la boulangerie et, le soir, sa femme et lui écoutaient des cassettes pour apprendre l'anglais. J'ai su plus tard qu'ils dormaient sur des sacs remplis de bran de scie dans l'arrière-boutique de la boulangerie.

Au Viêt Nam, la famille Van Vu était l'une des plus riches de l'Asie du Sud-Est. Ils possédaient presque le tiers du Viêt Nam du Nord, industries et immeubles compris. Toutefois, après l'assassinat de son père, Le déménagea au Viêt Nam du Sud avec sa mère, où il fit ses études et devint plus tard avocat.

Comme son père avant lui, Le prospéra. Il vit dans la présence américaine sans cesse grandissante une occasion de construire des immeubles à logements et il devint vite l'un des entrepreneurs les plus riches de son pays.

Toutefois, lors d'un voyage dans le Nord, Le fut capturé et fait prisonnier par les Nord-Vietnamiens. Après trois ans d'incarcération, il s'évada en tuant cinq soldats puis il réussit à regagner le Sud où il fut arrêté de nouveau. Le gouvernement sud-vietnamien pensait qu'il était une « taupe » à la solde du Nord.

Après avoir purgé sa peine, Le sortit de prison et se lança aussitôt dans une affaire de pêche qui allait devenir la plus grosse entreprise de conserves alimentaires au Viêt Nam du Sud.

Quand il apprit que les troupes américaines et tout le personnel d'ambassade étaient sur le point de quitter son pays, il prit une décision qui allait changer sa vie.

Il chargea tout l'or qu'il avait accumulé sur l'un de ses bateaux de pêche et partit avec sa femme rejoindre les vaisseaux américains qui mouillaient au large. Il échangea ensuite toutes ses richesses contre un passage pour les Philippines, où sa femme et lui furent conduits dans un camp de réfugiés.

Ayant réussi à s'introduire auprès du Président des Philippines, Le obtint de lui qu'on mît un bateau de pêche à sa disposition, et voilà que ses affaires reprenaient. Deux ans plus tard, au moment de quitter les Philippines pour les États-Unis (son but ultime), Le avait développé à lui seul toute l'industrie de la pêche aux Philippines.

Mais une fois parti pour l'Amérique, Le devint triste et déprimé à l'idée d'avoir encore une fois tout à recommencer. Sa femme raconte comment elle l'a trouvé sur le pont du navire, prêt à sauter par-dessus bord.

« Le, dit-elle, si tu sautes, que va-t-il advenir de moi ? Nous sommes ensemble depuis si longtemps et nous avons surmonté tant d'obstacles. Ensemble, nous sommes capables de passer au travers. » C'était tout l'encouragement dont Le Van Vu avait besoin.

Quand sa femme et lui arrivèrent à Houston en 1972, ils étaient sans le sou et ne parlaient pas un mot d'anglais. Au Viêt Nam, la famille prend soin de la famille, et Le et sa femme se retrouvèrent donc au centre commercial Greenspoint, dans la minuscule arrière-boutique de la boulangerie de son cousin, à une centaine de mètres de notre salon de coiffure.

Maintenant, comme on dit, voici le « message » de l'histoire :

Son cousin leur ayant offert de travailler pour lui, Le gagnait chaque semaine, après impôts, 175 $, et sa femme 125 $. En d'autres mots, leur revenu annuel familial s'élevait à 15 600 $. Plus tard, son cousin proposa de lui vendre la boulangerie moyennant un premier versement de 30 000 $. Il financerait lui-même le reste avec un prêt de 90 000 $.

Voici ce que Le et sa femme ont fait :

Même avec un revenu hebdomadaire de 300 $, ils décidèrent de continuer à vivre dans l'arrière-boutique. Durant deux ans, ils se lavèrent à l'eau du lavabo dans les toilettes du centre commercial. Durant deux ans, ils se nourrirent exclusivement des produits de la boulangerie. Et, durant ces deux ans, ils dépensèrent au total, je dis bien au total, 1 200 $, afin d'économiser les 30 000 $ du premier versement.

Le m'expliqua plus tard son raisonnement : « Si nous nous étions payé un appartement, ce dont nous étions capables avec 300 $ par semaine, nous aurions eu un loyer à payer. Et puis, bien sûr, il aurait fallu nous acheter des meubles. Reste ensuite à faire la navette entre la maison et le travail, ce qui veut dire acheter une voiture. Puis il y a l'essence pour la voiture, et les assurances. Et nous aurions probablement voulu faire des randonnées en voiture, ce qui veut dire acheter des vêtements et des accessoires de toilette. Donc je savais que si nous avions cet appartement, nous n'aurions jamais les 30 000 $. »

Maintenant si vous croyez avoir tout entendu, détrompez-vous : après qu'ils eurent amassé les 30 000 $ avec lesquels ils achetèrent la boulangerie, Le et sa femme jugèrent qu'il était temps d'avoir une autre bonne conversation. Ils devaient encore 90 000 $ à leur cousin, dit Le à sa femme, et si dures qu'aient été les deux dernières années, il leur faudrait vivre dans l'arrière-boutique encore un an.

Je suis fier de vous dire qu'en un an, mon ami et mentor Le Van Vu, épargnant à toutes fins pratiques tout ce que lui rapportait son magasin, avait remboursé le prêt de 90 000 $ et qu'il était donc devenu, en seulement trois ans, seul propriétaire d'une entreprise très rentable.

Alors et alors seulement, les Van Vu emménagèrent dans leur premier logement. Encore aujourd'hui, un pourcentage extrêmement bas de leur revenu suffit à les faire vivre et ils continuent à mettre de l'argent de côté chaque semaine, et puis, bien sûr, ils paient comptant tous leurs achats.

Pensez-vous que Le Van Vu est millionnaire à l'heure qu'il est ? J'ai le bonheur de vous dire que oui, plusieurs fois.

John McCormack

Tout le monde peut rêver

Il y a quelques années, j'ai accepté un poste dans un comté du sud des États-Unis où j'aurais à travailler avec des bénéficiaires de l'aide sociale. J'avais à coeur de montrer que tout le monde a la capacité de subvenir à ses propres besoins et qu'il suffit de les stimuler pour que les gens retroussent leurs manches. J'ai demandé aux autorités du comté de choisir un groupe de personnes qui recevaient de l'aide sociale, des personnes de races différentes et sans aucune parenté les unes avec les autres. Je les verrais en groupe chaque vendredi durant trois heures. J'ai aussi demandé un peu d'argent de poche dont je pourrais me servir en cas de besoin.

La première chose que j'ai dite après avoir serré la main de tout le monde, c'est : « J'aimerais savoir quels sont vos rêves. » Ils m'ont tous regardée comme si j'étais un peu folle.

« Des rêves ? On n'a pas de rêves. »

« Eh bien, que s'est-il passé quand vous étiez petits ? N'y avait-il pas quelque chose que vous vouliez faire ? »

Une femme répondit : « Je ne sais pas ce qu'on peut faire avec des rêves. Les rats sont en train de manger mes enfants. »

« Oh, mais c'est terrible ! Non, bien sûr que vous n'avez pas le temps de rêver avec les rats d'un côté et les enfants de l'autre. Comment pourrions-nous vous aider ? »

« Eh bien, il me faudrait une nouvelle porte moustiquaire parce que la mienne est pleine de trous. »

« Y a-t-il quelqu'un parmi vous qui sache comment réparer une porte moustiquaire ? » demandai-je.

Il y avait un homme dans le groupe, et il dit : « Il y a plusieurs années je faisais des choses comme ça mais maintenant mon dos me fait trop souffrir. Mais je pourrais essayer. »

Je lui ai dit que j'avais un peu d'argent et je lui ai demandé d'aller au magasin acheter une moustiquaire puis d'aller réparer la porte de la dame. « Pourriez-vous faire ça ? »

« Oui. Je vais essayer. »

La semaine suivante, quand ils furent tous assis, j'ai demandé à la femme : « Eh bien, votre porte est-elle réparée ? »

« Oh oui », dit-elle.

« Alors maintenant on peut commencer à rêver, non ? » Elle a eu une sorte de sourire.

J'ai demandé à l'homme qui avait fait le travail : « Comment vous sentez-vous ? »

« C'est drôle, dit-il, mais je commence à me sentir beaucoup mieux. »

Cela les a aidés à se mettre à rêver. Ces succès en apparence modestes leur permettaient de constater que tous les rêves ne sont pas fous. Dans ces petites étapes, le groupe voyait une preuve tangible que les choses peuvent vraiment changer.

J'ai demandé aux autres de me parler de leurs rêves. Une femme me dit qu'elle avait toujours voulu être secrétaire. « Eh bien, qu'est-ce qui vous en empêche ? » (C'est toujours ma deuxième question.)

« J'ai six enfants, dit-elle, et je n'ai personne pour s'en occuper quand je ne suis pas là. »

« Voyons voir, dis-je. Y a-t-il quelqu'un dans le groupe qui voudrait bien s'occuper de six enfants un jour ou deux par semaine pendant que cette femme suit des cours de secrétariat ? »

« J'ai aussi des enfants, répondit une autre femme, mais je pourrais faire ça. »

« Eh bien, faisons-le », dis-je. Alors on s'organisa et la femme put aller à l'école.

Tout le monde trouva quelque chose. L'homme qui avait réparé la porte moustiquaire devint homme à tout faire. La femme qui avait accepté de garder les enfants fonda un foyer d'accueil. Douze semaines après mon arrivée, plus personne dans ce groupe ne dépendait de l'aide sociale. Je ne l'ai pas fait qu'une seule fois, je l'ai fait plusieurs fois.

Virginia Satir

Fidèle à son rêve

J'ai un ami, Monty Roberts, qui possède un ranch à San Ysidro. Il m'a permis d'organiser chez lui des collectes de fonds au profit des programmes d'aide à la jeunesse.

La dernière fois, il m'a présenté au public de cette façon : « Je veux que vous sachiez pourquoi je laisse Jack utiliser ma maison. Mais d'abord il faut que je vous raconte l'histoire d'un garçon dont le père était entraîneur itinérant, c'est-à-dire qu'il allait d'étable en étable, d'hippodrome en hippodrome, de ferme en ferme et de ranch en ranch pour entraîner les chevaux de course. Le résultat, c'est que les études de son fils étaient toujours interrompues. Il en était à la dernière année du cours secondaire quand on lui demanda d'écrire un exposé sur ce qu'il voulait faire de sa vie.

« Le même soir, il écrivit sept pages de texte dans lesquelles il expliquait que son but était de posséder un jour son propre ranch de chevaux. Il y décrivait son rêve avec force détails, même qu'il dessina le plan d'un ranch de 200 acres, donnant la position de tous les bâtiments, des étables et de la piste de course. Puis il fit le plan détaillé d'une maison de 370 mètres carrés qu'on bâtirait sur son ranch de 200 acres.

« Il avait mis tout son coeur dans ce travail et le

lendemain il le remit à son professeur. Deux jours plus tard, il reçut sa copie corrigée. Sur la première page, il y avait ungrand F écrit à l'encre rouge, et ces quelques mots : « Venez me voir après la classe. »

« Le garçon qui rêvait alla trouver son professeur après la classe et lui demanda : « Pourquoi est-ce que j'ai échoué ? »

« Le professeur répondit : « C'est un rêve irréaliste pour un garçon comme toi. Tu n'as pas d'argent. Tu viens d'une famille itinérante. Tu es sans ressources. Posséder un ranch de chevaux est une entreprise onéreuse. Il faut acheter la terre. Ensuite il faut beaucoup d'argent pour acheter les premières bêtes du troupeau et plus tard les coûts d'insémination sont exorbitants. Tu n'auras jamais les moyens. » Le professeur ajouta : « Si tu réécris ce papier en te donnant un but plus réaliste, je vais revoir ta note. »

« Le garçon retourna chez lui et réfléchit longuement à ce qu'il allait faire. Il en parla à son père qui lui dit : « Écoute mon gars, personne ne peut décider pour toi. Mais je pense que c'est une décision très importante. »

« Finalement, après une semaine de réflexion, le garçon remit le même devoir, sans aucun changement. « Vous pouvez garder la note, dit-il au professeur, je vais garder mon rêve. »

« Je vous ai raconté cette histoire, dit Monty en se tournant vers le groupe, parce que vous êtes tous réunis dans ma maison de 370 mètres carrés au milieu d'un ranch de 200 acres. J'ai fait encadrer ce travail scolaire, il est au-dessus du foyer. Mais le plus beau de l'affaire c'est qu'il y a deux étés ce même professeur a emmené 30 enfants sur mon ranch pour une semaine de camping. Au moment de partir, il m'a dit : « Écoute Monty, je peux te le dire à présent. Quand j'étais ton professeur, j'étais une sorte de briseur de rêves. À l'époque, j'ai brisé les rêves de plusieurs enfants. Heureusement, tu avais assez de jugeote pour ne pas abandonner le tien. » »

Ne laissez personne briser votre rêve. Écoutez votre coeur, quoi qu'il arrive.

Jack Canfield

La boîte

Comme chaque année à l'époque où j'étais étudiante, j'étais revenue à la maison pour les vacances de Noël et je prévoyais de bien m'amuser avec mes deux frères durant ces 15 jours. Nous étions tellement contents d'être ensemble que nous avons offert de surveiller le magasin afin que mon père et ma mère puissent profiter d'un premier vrai congé depuis des années. La veille de son départ pour Boston, mon père m'a fait venir à l'écart des autres dans la petite chambre à l'arrière du magasin. La pièce était si petite qu'elle ne pouvait contenir qu'un piano droit et un divan. En fait, quand le divan était ouvert, il prenait toute la place et on pouvait s'asseoir au pied du lit pour jouer du piano. Mon père étendit le bras pour saisir une boîte de cigares qui était cachée derrière le vieux piano. Il l'ouvrit et me montra une petite pile d'articles de journaux. J'avais lu trop d'histoires policières à la Nancy Drew pour ne pas être excitée à la vue de cette boîte mystérieuse pleine de coupures de journaux.

« Qu'est-ce que c'est ? » dis-je en écarquillant les yeux.

Mon père répondit sérieusement : « Ce sont des articles que j'ai écrits et quelques lettres ouvertes qui ont été publiées. »

J'avais déjà commencé à lire et je vis qu'à la fin de chaque article soigneusement découpé apparaissait le nom de Walter Chipman, Esq. « Pourquoi ne m'as-tu jamais parlé de cela ? » dis-je.

« Parce que je ne voulais pas que ta mère le sache. Elle m'a toujours dit qu'étant donné que je n'ai pas beaucoup d'instruction, je ne devrais pas essayer d'écrire. Je voulais aussi faire de la politique, mais elle m'a dit que je ferais mieux de ne pas essayer. J'imagine qu'elle aurait été trop mal à l'aise si j'avais perdu. Je voulais juste essayer pour le plaisir d'essayer. Je me disais que je pouvais écrire sans qu'elle le sache, alors c'est ce que j'ai fait. Après la publication de chaque article, je le découpais et le cachais dans cette boîte. Je savais qu'un jour je montrerais cette boîte à quelqu'un, et ce quelqu'un c'est toi. »

Il m'observait pendant que je lisais ses articles et, quand j'ai eu terminé, j'ai vu que ses grands yeux bleus étaient pleins d'eau. « Je pense que j'ai visé trop haut la dernière fois », ajouta-t-il.

« As-tu écrit autre chose ? »

« Oui, j'ai envoyé quelques suggestions au bulletin de la congrégation concernant la façon de rendre plus équitables les nominations au comité national. Il y a trois mois que j'ai envoyé l'article. Je pense que c'était trop gros pour moi. »

C'était un côté de mon père, d'habitude rieur et bon vivant, que je ne connaissais pas, et je ne savais pas quoi dire. « Peut-être est-ce que ça viendra », risquai-je.

« Peut-être, mais n'espère pas trop. » Papa m'a souri, m'a fait un clin d'oeil puis a refermé la boîte de cigares et l'a remise à sa place derrière le piano.

Le jour suivant, mes parents allèrent en autobus jusqu'à la gare de Haverhill où ils prirent un train pour Boston. Jim, Ron et moi tenions le magasin et je pensais à la boîte. Je n'aurais jamais cru que mon père aimait écrire. Je ne l'ai pas dit à mes frères ; c'était un secret entre mon père et moi. Le mystère de la boîte cachée.

Tôt ce soir-là, j'ai regardé par la fenêtre et j'ai vu ma mère qui descendait de l'autobus, seule. Elle traversa le parc et entra brusquement dans le magasin.

« Où est papa ? » avons-nous demandé en choeur.

« Votre père est mort », dit-elle sèchement.

Incrédules, nous l'avons suivie dans la cuisine où elle nous raconta comment, tandis qu'ils marchaient au milieu d'une foule de gens dans les corridors du métro de Park Street, mon père s'était écroulé. Une infirmière s'était penchée sur lui puis avait dit simplement, en levant les yeux vers ma mère : « Il est mort. »

Ma mère était restée là, sidérée, désorientée, pendant que les gens trébuchaient sur lui dans leur empressement. Un prêtre avait dit : « Je vais appeler la police », et avait disparu. Ma mère était restée penchée sur le corps de mon père environ une heure. Finalement une ambulance est arrivée et les a emmenés tous les deux à la morgue où ma mère a dû vider les poches de mon père et enlever sa montre. Elle est revenue en train toute seule puis a pris l'autobus. Elle nous a raconté cette histoire affreuse sans verser une seule larme. Ne pas montrer ses émotions a toujours été pour elle une question de discipline et de fierté. Nous n'avons pas pleuré non plus et chacun allait à son tour servir les clients.

Un habitué demanda : « Où est le vieux ce soir ? »

« Il est mort », dis-je.

« Oh ! c'est triste », et il est parti.

Je n'avais jamais pensé que mon père était vieux et la question m'avait choquée, mais il avait 70 ans et ma mère seulement 50. Il avait toujours été en bonne santé, heureux, et il avait toujours pris soin de ma mère malade sans se plaindre et maintenant il n'était plus là. Plus de sifflements, plus de chansons en remplissant les étagères. Le « vieux » était parti.

Le matin des funérailles, assise dans le magasin, dépouillant le courrier et collant au fur et à mesure les cartes de condoléances dans un album, je suis tombée sur le bulletin de la congrégation. En temps normal j'aurais jugé cette revue religieuse ennuyeuse et je ne l'aurais même pas ouverte, mais si le fameux article y était ? Il y était.

J'ai emporté le magazine dans l'arrière-boutique, fermé la porte derrière moi et me suis mise à pleurer. J'avais été courageuse mais en voyant imprimées les audacieuses recommandations que mon père adressait au comité national, j'ai craqué. J'ai lu et pleuré puis lu l'article encore une fois. J'ai sorti la boîte de sa cachette derrière le piano et sous les coupures de presse j'ai découvert une lettre de deux pages que Henry

Cabot Lodge Sr avait écrite à mon père pour le remercier de ses conseils concernant sa campagne électorale.

Je n'ai jamais parlé à personne de ma boîte. C'était mon secret.

Florence Littauer

Encouragement

Certaines des plus grandes réussites de l'histoire ont résulté d'un mot d'encouragement ou d'un acte de confiance de la part d'un être cher ou d'un ami fidèle. N'eût été la confiance que sa femme Sophie avait en lui, il est bien possible que le nom de Nathaniel Hawthorne ne figurerait pas sur la liste des plus grands noms de la littérature. Quand Nathaniel, le coeur brisé et se reprochant d'avoir raté sa vie, rentra chez lui après avoir perdu son emploi aux bureaux de la douane, sa femme le surprit en s'exclamant de joie :

« Maintenant, dit-elle triomphalement, tu vas pouvoir écrire ton livre ! »

« Oui, répondit-il sans conviction, et comment allons-nous vivre pendant que j'écris ? »

À la grande surprise de Nathaniel, Sophie ouvrit un tiroir d'où elle tira une importante somme d'argent.

« Où diable as-tu trouvé cet argent ? » s'exclama-t-il.

« J'ai toujours su que tu avais du génie, dit-elle. Je savais qu'un jour tu écrirais un chef-d'oeuvre. Alors, chaque semaine, je prenais un peu d'argent dans ce que tu me donnais pour le ménage et je le mettais de côté. En voici assez pour nous faire vivre toute une année. »

De sa confiance et de sa foi est né l'un des plus grands romans de la littérature américaine : *La Lettre écarlate*.

Nido Qubein

Walt Jones

La grande question est de savoir si vous pourrez encore répondre avec enthousiasme quand l'aventure vous appellera.

Joseph Campbell

Rien n'illustre mieux le fait que la réussite concerne moins le but du voyage et davantage la façon de voyager que l'exemple donné par ces nombreux « êtres en devenir », encore verts et mûrissants, qui ne laissent pas leur âge faire obstacle à l'accomplissement de leurs rêves. Florence Brooks s'est jointe au *Peace Corps* à l'âge de 64 ans. À l'âge de 82 ans, Gladys Clappison vivait sur le campus et préparait son doctorat en histoire à l'Université de l'Iowa. Sans oublier Ed Stitt qui, à l'âge de 87 ans, faisait une licence dans un centre universitaire du New Jersey. Ed disait qu'en maintenant son cerveau en vie, ses études l'immunisaient contre « la maladie des petits vieux ».

Probablement que Walt Jones, de Tacoma, Washington, est celui qui a le plus captivé mon imagination au fil des ans. À la mort de sa troisième femme, avec qui il était marié depuis 52 ans, quelqu'un lui dit : « C'est triste de perdre une si vieille amie. » « Bien sûr, répondit Walt, mais on sait jamais. Peut-être que ça sera pour le mieux. »

« Comment ? »

« Je veux pas être négatif ou rien dire pour salir son merveilleux caractère, mais elle était toujours crevée depuis une dizaine d'années. »

Pressé de s'expliquer, il ajouta : « Elle voulait plus jamais rien faire, elle s'était comme encroûtée. Y a 10 ans de ça, quand j'avais 94 ans, j'y ai dit qu'on avait jamais rien vu tous les deux à part la côte Ouest. Elle m'a demandé ce que je voulais dire et j'y ai dit que j'avais envie d'acheter une autocaravane et qu'on pourrait p't-être faire le tour des États-Unis tous les deux. « Qu'est-ce t'en penses ? »

« « Je pense que t'es devenu fou, Walt. »

« « Pourquoi tu dis ça ? » j'ai demandé.

« « On va se faire attaquer, qu'elle m'a dit. On va mourir tous les deux et y aura pas de salon funéraire... Et qui c'est qui va conduire, Walter ? »

« « C'est moi qui va conduire, Lambie. »

« « Tu veux nous tuer ! » qu'elle me répond.

« J'aimerais laisser mon empreinte avant de mourir, mais tu laisses pas ta marque en restant assis sur ton cul, à moins que tu veuilles que les gens se souviennent de l'empreinte que t'as laissée sur le fauteuil. »

« Alors maintenant qu'elle est partie, Walt, qu'as-tu l'intention de faire ? »

« Ce que j'ai l'intention de faire ? J'ai enterré la vieille et j'ai acheté mon autocaravane. On est en 1976, et j'ai l'intention de fêter le bicentenaire en faisant le tour du pays. »

Walt visita 43 États cette année-là tout en vendant des souvenirs et des curiosités aux touristes. Quand on lui demanda s'il faisait parfois monter des auto-stoppeurs, il répondit : « Jamais de la vie. Y en a trop qui sont prêts à vous assommer pour quelques pièces et les autres peuvent vous faire un procès si vous avez le malheur d'avoir un accident. »

Il n'y avait pas 6 mois que sa femme était enterrée quand Walt a été vu au volant de son véhicule récréatif avec une jolie femme de 62 ans à ses côtés.

« Walt ? » lui demanda-t-on.

« Ouais », répondit-il.

« Qui était cette femme assise à côté de toi, une nouvelle flamme ? »

Ce à quoi il répondit : « Ouais, c'est elle. »

« C'est elle quoi ? »

« Ma nouvelle flamme. »

« Walt, tu as été marié trois fois, tu as 104 ans. Cette femme doit bien avoir 40 ans de moins que toi. »

« Et puis quoi ? répondit-il. Je me suis vite rendu compte que l'homme n'est pas fait pour vivre seul dans une autocaravane. »

« C'est compréhensible, Walt. Après avoir été marié tant d'années, tu as probablement besoin d'avoir quelqu'un à qui parler. »

Walt répondit sans hésitation : « Oui, j'ai besoin de ça aussi. »

« Aussi ? Faut-il conclure qu'il y a plus que ça ? »

« P't-être ben. »

« Walt... »

« Quoi ? » dit-il.

« Passé un certain âge dans la vie de n'importe qui, il faut faire une croix sur ces choses-là. »

« Le sexe ? » demanda-t-il.

« Oui. »

« Pourquoi ? »

« Eh bien, parce qu'à cet âge-là ce genre d'activité exténuante pourrait tuer n'importe qui. »

Walt réfléchit à la question et dit : « Eh bien si elle meurt, elle meurt. »

En 1978, au plus fort de la poussée inflationniste, Walt décida d'investir dans la construction et la vente de condominiums. Quand on lui demanda pourquoi il préférait les risques du développement immobilier à la sécurité de son compte en banque, il répondit : « Et l'inflation, qu'est-ce que vous en faites ? C'est le temps de placer mon argent dans quelque chose de solide pour le faire fructifier en prévision de mes vieux jours. » Quand on parle de pensée positive !

En 1980, Walt vendit plusieurs de ses propriétés de Pierce County, Washington, et des alentours. Plusieurs pensèrent que ses vieux jours étaient enfin arrivés. Mais Walt n'avait pas du tout l'intention de se retirer. Il réunit ses amis et leur expliqua qu'il avait vendu ses propriétés pour avoir plus de liquidités. « J'ai reçu un petit à-valoir sur un contrat de 30 ans. Je vais recevoir 4000 $ par mois jusqu'à l'âge de 138 ans. »

Walt fêta son 110e anniversaire de naissance à

l'émission de Johnny Carson. Il avait l'air resplendissant quand on le vit arriver avec sa barbe blanche et son chapeau noir, ressemblant un peu à feu le colonel Sanders. Johnny lui dit : « C'est un plaisir de t'avoir parmi nous, Walt. »

« À 110 ans, c'est un plaisir d'être n'importe où, Johnny. »

« Cent dix ? »

« Cent dix. »

« Cent plus dix ? »

« Qu'est-ce qui se passe, Carson ? T'es sourd d'oreille ou quoi ? C'est mon âge, et puis qu'est-ce que ça peut bien te faire ? »

« Ça me fait que dans trois jours t'auras deux fois mon âge. »

C'est quelque chose, non ? Cent dix ans d'âge — un être humain encore en devenir, vert et mûrissant. Walt sauta sur l'occasion de renvoyer la balle à Johnny :

« Quel âge t'aurais si tu savais pas en quelle année t'es né et si y avait pas ces foutus calendriers pour te déprimer une fois par année ? Jamais entendu parler de quelqu'un qui se met à déprimer à cause d'un calendrier ? « Bon Dieu ! j'ai 30 ans aujourd'hui. Y a rien de plus déprimant. Je suis bon pour l'hospice. Oh non ! v'là-ti-pas que j'ai 40 ans. Tout le monde au boulot s'est habillé en noir et ils sont passés me prendre avec un corbillard. Oh non ! 50 ans ! Un demi-siècle ! Ils m'ont envoyé des roses mortes dans une toile d'araignée. » Johnny, en quel honneur faudrait se mettre à dépérir à partir de 65 ans ? J'ai des amis qui en ont 75 et qui n'ont jamais été aussi prospères qu'à présent. Résultat d'un petit investissement dans les condominiums, je fais plus d'argent depuis que j'ai 105 ans que j'en ai jamais fait avant. Veux-tu savoir ma définition de la dépression, Johnny ? »

« Oui. »

« Rater un anniversaire. »

Puisse l'histoire de Walt Jones nous inciter tous à continuer de croître et de rajeunir chaque jour de notre vie.

Bob Moawad

Que valent les critiques ?

Ce n'est pas le critique qui est digne d'estime, celui qui montre sur quoi l'homme fort a trébuché ou comment l'homme d'action aurait pu faire mieux. Tout le mérite appartient à l'homme qui descend vraiment dans l'arène, dont le visage est couvert de sueur, de poussière et de sang, qui se bat vaillamment, qui erre parfois et commet maintes et maintes fautes parce qu'on ne fait pas d'erreurs quand on ne fait pas d'efforts, qui est capable d'une grande dévotion, qui se consacre à une cause noble, qui au mieux connaîtra à la fin la joie suprême de triompher et qui, au pire, s'il échoue après avoir tout essayé, saura que sa place n'a jamais été parmi les âmes froides et timorées qui ne connaissent ni la victoire ni l'échec.

Théodore Roosevelt

Risquer

Deux graines reposaient l'une à côté de l'autre dans une terre fertile au printemps.

La première graine dit : « Je veux grandir ! Je veux plonger mes racines profondément dans la terre et lancer ma tige haut dans les airs... Je veux voir mes bourgeons s'ouvrir comme des drapeaux annonçant l'arrivée du printemps... Je veux sentir le soleil réchauffer mon visage et la rosée matinale bénir mes pétales ! »

Et elle grandit.

La deuxième graine dit : « J'ai peur. Si je plonge mes racines dans la terre, je ne sais pas ce qui m'attend dans cette obscurité. Ma tige est fragile, si j'essaie de percer la croûte de terre pour m'élever dans les airs, elle risque de se briser. Et si, à peine entrouverts, un ver venait à manger mes bourgeons ? Et si je montrais ma fleur, qui sait ? Un enfant pourrait m'arracher de terre. Non, il vaut beaucoup mieux attendre pour sortir qu'il n'y ait plus aucun danger. »

Et elle attendit.

Un oiseau qui passait par là, fouillant la terre en quête de nourriture, trouva la graine qui attendait et vite la dévora.

MORALE DE L'HISTOIRE

Ceux qui ne veulent pas prendre le risque de grandir se font avaler par la vie.

Patty Hansen

Les lois de l'hospitalité

Un homme envoya une lettre à l'adresse d'un petit hôtel du Midwest où il prévoyait de s'arrêter durant ses vacances. Il écrivit :

J'aimerais beaucoup que mon chien puisse venir avec moi. Il est propre et sait se tenir tranquille. Permettriez-vous qu'il reste dans ma chambre la nuit ?

Le propriétaire de l'hôtel lui répondit sans tarder :

Je dirige cet hôtel depuis très longtemps. Pendant toutes ces années, je n'ai jamais vu un chien voler des serviettes, des draps, de l'argenterie ou des gravures accrochées au mur.

Je n'ai jamais eu à me lever en plein milieu de la nuit pour expulser un chien qui s'était saoulé et faisait du grabuge. Et jamais un chien n'est parti sans payer sa note d'hôtel.

Oui, bien sûr, votre chien est le bienvenu dans mon hôtel. Et si votre chien peut se porter garant de vous, vous êtes aussi le bienvenu.

Karl Albrecht et Ron Zenke

6

VAINCRE LES OBSTACLES

Les obstacles sont ces choses affreuses qui vous apparaissent quand vous perdez de vue votre but.

Henry Ford

Obstacles

Nous qui avons vécu dans les camps de concentration, gardons un souvenir ému de ces hommes qui allaient et venaient dans les baraques, réconfortant les autres, donnant leurs derniers morceaux de pain. Ils étaient peu nombreux mais ils suffisent à faire la preuve qu'un homme peut être privé de tout sauf d'une chose : la dernière de ses libertés — la liberté de choisir sa propre attitude quelles que soient les circonstances, la liberté de choisir sa propre voie.

Viktor E. Frankl
L'homme en quête d'une raison d'être

Saviez-vous que...

Saviez-vous que :

- Concernant le premier bout d'essai de Fred Astaire, un des patrons de la MGM écrivit cette note datée de 1933 : « Mauvais acteur ! Presque chauve ! Petit talent pour danser ! » Astaire conservait cette note au-dessus du foyer dans sa demeure de Beverley Hills.
- Un expert avait dit au sujet de Vince Lombardi : « Connaissances minimales sur le football. Pas suffisamment motivé. »
- Socrate a été condamné pour « impiété et corruption de la jeunesse ».
- Quand Peter J. Daniel était en quatrième année, son institutrice Mrs Phillips lui répétait sans cesse : « Peter J. Daniel, espèce de bon à rien, graine de vaurien, tu ne feras jamais rien de bon dans la vie. » Peter est demeuré analphabète jusqu'à l'âge de 26 ans. Un ami a passé toute une nuit à lui faire la lecture d'un livre intitulé *Réfléchissez et devenez riche*. Maintenant Peter possède le coin de rue où il avait l'habitude de se battre et son dernier livre qui vient de paraître s'intitule : *Vous aviez tort, Mrs Phillips !*

- La famille de Louisa May Alcott, auteur de *Les Quatre Filles du Dr March*, l'encourageait à se trouver une place de serveuse ou de couturière.
- Beethoven était plutôt mauvais violoniste et préférait jouer ses propres compositions plutôt que d'améliorer sa technique. Son professeur disait qu'il était nul comme compositeur.
- Les parents du célèbre chanteur d'opéra Enrico Caruso voulaient qu'il devienne ingénieur. Son professeur disait qu'il n'avait pas de voix et ne savait pas chanter.
- Charles Darwin, père de la théorie de l'évolution des espèces, a délaissé ses études médicales et s'est fait dire par son père : « Rien ne t'intéresse sauf faire la chasse, attraper des rats et des chiens. » Dans son autobiographie, Darwin écrit : « Tous mes maîtres ainsi que mon père me considéraient comme un garçon très ordinaire, d'une intelligence au-dessous de la moyenne. »
- Walt Disney a été congédié par le directeur d'un journal qui lui reprochait de manquer d'idées. Il a aussi fait faillite plusieurs fois avant de construire Disneyland.
- Les professeurs de Thomas Edison disaient de lui qu'il était trop stupide pour apprendre quoi que ce soit.
- Albert Einstein n'a commencé à parler qu'à l'âge de quatre ans et à lire qu'à sept ans. Ses professeurs le décrivaient comme un enfant « lent d'esprit, asocial et toujours absorbé dans de ridicules rêveries. » En

1895, il a raté l'examen d'entrée à l'école polytechnique de Zurich.

- Étudiant de licence plutôt médiocre, Louis Pasteur s'est classé quinzième sur 22 en chimie.
- Isaac Newton avait beaucoup de difficultés à l'école primaire.
- Le père de Rodin avait l'habitude de dire : « Mon fils est un idiot. » Rodin fut refusé par trois fois à l'école des Beaux-Arts. Son oncle le disait inéducable.
- Léon Tolstoï, auteur *de Guerre et paix*, n'a jamais terminé ses études. On disait de lui qu'il était « à la fois peu capable et peu désireux d'apprendre ».
- Étudiant à l'Université de Washington, le dramaturge Tennessee Williams était furieux en apprenant que sa pièce *Moi, Vasha* n'avait pas été primée au concours d'art dramatique de l'université. Son professeur se souvient que Williams avait mis en doute le choix et l'intelligence des juges.
- Les employeurs de F.W. Woolworth disaient qu'il n'avait pas assez de jugeote pour être commis de magasin.
- Henry Ford se retrouva sans le sou et fit faillite cinq fois avant de réussir.
- Babe Ruth, que les historiens du sport considèrent comme le plus grand athlète de tous les temps et qui fut longtemps détenteur du record pour le plus grand nombre de coups de circuit, détenait aussi le record pour les retraits au bâton.
- Winston Churchill redoubla sa sixième année. Il ne

devint Premier ministre de la Grande-Bretagne qu'à l'âge de 62 ans, soit à la fin d'une longue carrière parsemée de revers et d'échecs. Il lui a donc fallu attendre « le troisième âge » avant d'entrer dans l'Histoire.

- Dix-huit éditeurs ont refusé le manuscrit de 100 000 mots de Richard Bach avant que Macmillan n'accepte, en 1970, de publier « son histoire de goéland », *Johnathan Livingston le Goéland.* En 1975, il y avait sept millions d'exemplaires vendus aux États-Unis seulement.
- Richard Hooker travailla sept ans à son roman humoristique intitulé *M.A.S.H.*, et son livre fut refusé par 17 éditeurs avant que Morrow ne décide de le publier. C'est devenu un immense best-seller, un film à grand succès et une émission de télévision très populaire.

Jack Canfield et Mark V. Hansen

John Corcoran, l'homme qui ne savait pas lire

D'aussi loin que John pût se souvenir, les mots s'étaient toujours moqués de lui. Les lettres changeaient de place dans la phrase, le son des voyelles se perdait dans les conduits auditifs. À l'école, il s'asseyait à son pupitre, stupide et silencieux comme les pierres, sachant qu'il était différent des autres et qu'il le serait toujours. Si seulement quelqu'un s'était assis à côté de ce petit garçon, avait mis son bras autour de ses épaules et lui avait dit : « Je vais t'aider. N'aie pas peur. »

Mais personne n'avait jamais entendu parler de la dyslexie à l'époque. Et John ne pouvait pas leur dire que le côté gauche de son cerveau, l'hémisphère que les humains utilisent pour ordonner les symboles en séquences logiques, avait toujours eu des ratés.

Au lieu de cela, en deuxième année, ils le placèrent dans le rang des « idiots ». En troisième année, chaque fois que John refusait de lire ou d'écrire, une soeur passait la règle et tous les élèves, chacun son tour, lui en donnaient un grand coup sur les jambes. En quatrième année, après lui avoir demandé de lire, l'institutrice laissa les minutes de silence s'empiler sur le pauvre enfant jusqu'à ce qu'il fût sur le point de suffoquer. Puis on le fit passer en cinquième année, et ainsi de suite. John Corcoran n'a jamais redoublé une classe de sa vie.

À la fin de sa dernière année d'études secondaires, John fut nommé roi de la fête suivant la remise des diplômes, sa petite amie a prononcé le discours d'adieu et il était l'une des vedettes de l'équipe de basket-ball. Sa mère l'embrassa quand il reçut son diplôme... et se mit à lui parler de l'université. L'université ? C'était insensé d'y songer. Mais il opta finalement pour l'Université du Texas à El Paso où il aurait la chance de jouer au basket. Il prit une grande respiration, ferma les yeux... et retourna en territoire ennemi.

Sur le campus, John demandait à chaque nouvel ami : « Quels professeurs font passer des examens écrits ? Quels professeurs soumettent des questionnaires à choix multiples ? » Aussitôt qu'il quittait la salle de classe, il arrachait de ses cahiers les pages couvertes de gribouillis, pour le cas où quelqu'un demanderait à voir ses notes. Le soir, il faisait semblant de lire ses manuels scolaires pour que son camarade de chambre ne se doute de rien. Étendu dans son lit, épuisé mais incapable de dormir, incapable de faire cesser le vrombissement dans sa tête, John promit d'aller à la messe chaque matin à l'aube durant 30 jours si Dieu permettait qu'il obtienne son diplôme.

Il obtint son diplôme. Et Dieu eut ses 30 messes de suite. Et après ? Peut-être aimait-il vivre dangereusement ? Peut-être a-t-il fallu que la partie de lui-même dont il était le moins sûr, son esprit, soit aussi celle dont il était le plus fier ? Peut-être est-ce pourquoi, en 1961, John est devenu professeur ?

John enseigna en Californie. Chaque jour, il demandait à un élève de lire le manuel devant la classe. Il faisait passer des examens standardisés qu'il pouvait corriger facilement grâce à une grille sur laquelle se détachaient les bonnes réponses. Le week-end, il restait dans son lit durant des heures, déprimé.

Puis il rencontra Kathy, une première de classe qui était aussi infirmière. Pas un deux de pique, comme John. Un as. « Il faut que je te dise quelque chose, Kathy, lui dit-il un soir de 1965 peu avant leur mariage. Je ne sais pas... je ne sais pas lire... »

« C'est un professeur, pensait-elle. Il doit vouloir dire qu'il lit mal à haute voix. » Kathy ne comprit que des années plus tard, quand elle se rendit compte que John était incapable de lire un livre pour enfants à leur petite fille de 18 mois. Kathy remplissait tous les formulaires, lisait le courrier, écrivait ses lettres. Pourquoi ne lui a-t-il pas simplement demandé de lui apprendre à lire et à écrire ? Il pensait que personne ne pouvait lui apprendre.

À l'âge de 28 ans, John emprunta 2500 $, acheta une deuxième maison, la retapa et la loua. Il en acheta une autre qu'il loua aussi. Puis une autre. Ses affaires prirent de plus en plus d'importance jusqu'au moment où il eut besoin d'une secrétaire, d'un avocat et d'un associé.

Puis vint le jour où son comptable lui dit qu'il était

millionnaire. Parfait. On ne se soucie guère qu'un millionnaire ait la manie de tirer les portes où il est écrit *Poussez* ou de faire une pause avant d'entrer dans les toilettes publiques pour voir par quelle porte vont passer les autres hommes.

En 1982, ce fut le début de la fin. Ses propriétés ont commencé à se louer moins facilement et ses investisseurs se sont retirés de l'affaire. Chaque courrier apportait de nouvelles menaces de saisies hypothécaires ou de poursuites judiciaires. Il lui semblait que tous ses moments de veille, il les passait à supplier les banquiers de proroger ses échéances, à convaincre les ouvriers de ne pas quitter les chantiers ou à brasser des piles et des piles de papiers auxquels il ne comprenait rien. Il savait que tôt ou tard il se retrouverait dans le box des accusés et qu'un homme en robe noire allait lui demander : « Dites la vérité, John Corcoran. Savez-vous lire ? »

Finalement, à l'automne de 1986, à l'âge de 48 ans, John fit deux choses qu'il s'était juré de ne jamais faire. Il hypothéqua sa maison pour faire un dernier emprunt à titre de constructeur. Et il entra dans la Bibliothèque municipale de Carlsbad et dit à la femme responsable des cours particuliers : « Je ne sais pas lire. »

Puis il pleura.

On le confia aux soins d'une grand-mère de 65 ans nommée Eleanor Condit. Difficilement, lettre après lettre, phonétiquement, elle lui montrait. Moins de 14 mois plus tard, les affaires de sa société immobilière avaient repris de plus belle. Et John Corcoran avait appris à lire.

L'étape suivante était la confession : un discours devant 220 hommes d'affaires sidérés à San Diego. Pour guérir, il fallait tout dire. On le choisit pour siéger au conseil d'administration du *San Diego Council on Literacy* et il se mit à voyager et à donner des conférences dans tous les coins du pays.

« L'analphabétisme est une forme d'esclavage ! s'écriait-il. Il n'est plus temps de chercher qui est à blâmer. Il est temps que nous devenions obsédés par la nécessité d'apprendre aux gens à lire et à écrire ! »

Il lisait tous les livres et tous les magazines qui lui tombaient sous la main, et même en voiture, à haute voix, il lisait tous les panneaux de signalisation jusqu'à ce que Kathy n'en puisse plus de l'entendre. C'était magnifique, comme s'il avait chanté. Et maintenant il pouvait dormir.

Puis un jour il lui vint à l'esprit qu'une chose restait à faire — une chose qu'il n'avait jamais pu faire. Oui, cette boîte empoussiérée dans son bureau, cette liasse de papiers attachée par un ruban... Un quart de siècle plus tard, John Corcoran pouvait enfin lire les lettres d'amour de sa femme.

Pamela Truax

Abraham Lincoln

Cette obligation de continuer est innée dans toutes les consciences. Le devoir de persévérance est notre devoir à tous. Je me sens appelé à remplir ce devoir.

Abraham Lincoln

Abraham Lincoln est probablement le meilleur exemple de persévérance qu'on puisse trouver. Si vous désirez connaître quelqu'un qui ne lâchait pas, ne cherchez pas plus loin.

Né dans la pauvreté, Lincoln a dû supporter la défaite tout au long de sa vie. Il a perdu huit fois aux élections, a fait deux faillites d'affaires et a souffert d'une dépression nerveuse.

Il aurait pu abandonner plusieurs fois mais il ne l'a pas fait ; et parce qu'il n'a jamais lâché, il est devenu l'un des plus grands présidents de l'histoire des États-Unis.

Lincoln était un champion et un champion n'abandonne jamais. Voici un aperçu du chemin parcouru par Lincoln avant d'arriver à la Maison-Blanche :

1816 Les Lincoln sont chassés de leur maison. Abra-

ham doit travailler pour subvenir aux besoins de la famille.
1818 Mort de sa mère.
1831 Première faillite.
1832 Se présente aux élections législatives ; est battu.
1832 Perd aussi son emploi ; veut faire son droit mais est refusé au concours d'admission.
1833 Emprunte de l'argent à un ami pour lancer une affaire et fait faillite avant la fin de l'année. Il passera 17 ans de sa vie à rembourser cette dette.
1834 Se présente à nouveau aux élections législatives ; est élu.
1835 Projet de mariage ; mort de sa fiancée.
1836 Grave dépression nerveuse ; reste six mois au lit.
1838 Se porte candidat à la présidence de la Chambre des Représentants de l'Illinois ; est battu.
1840 Se présente au collège électoral ; est battu.
1843 Se présente au Congrès ; est battu.
1846 Se présente encore au Congrès ; est élu ; se rend à Washington où il fait du bon travail.
1848 Sollicite un deuxième mandat au Congrès ; n'est pas réélu.
1849 Postule l'emploi d'agent des terres dans son État natal ; ne l'obtient pas.
1854 Se présente au Sénat des États-Unis ; est battu.
1856 Pose sa candidature à la vice-présidence lors de la convention nationale du parti — obtient moins de cent votes.
1858 Se présente encore au Sénat ; est encore battu.
1860 Est élu président des États-Unis.

La piste était glissante et la course éreintante. En cours de route mon pied a glissé et j'ai perdu l'équilibre, mais je me suis redressé et je me suis dit : « C'est un faux pas et non une chute. »

Abraham Lincoln
Après une défaite aux élections sénatoriales

Leçons d'un fils

Mon fils Daniel avait 13 ans quand il s'est pris de passion pour le surf. Chaque jour, avant et après l'école, il enfilait sa combinaison de plongée, prenait sa planche et allait affronter, passé les premiers rouleaux de l'océan, des vagues de un à deux mètres de haut. Mais vint un jour où son amour du sport fut mis à rude épreuve.

« Votre fils vient d'avoir un accident », dit le surveillant de plage au bout du fil.

« C'est grave ? » répondit Mike, mon mari.

« Oui. Quand il a refait surface sur la crête de la vague, la planche a basculé et l'a atteint près de l'oeil. »

Mike l'a emmené d'urgence à l'hôpital, puis on les a envoyés dans une clinique de chirurgie esthétique. On lui a fait 26 points de suture pour recoudre la plaie qui allait du coin de l'oeil jusqu'à l'arête du nez.

J'avais dû m'absenter pour aller donner une conférence et au moment où l'on soignait l'oeil de Daniel, j'étais dans l'avion qui me ramenait chez moi. Mike s'est rendu directement de la clinique à l'aéroport. Il m'attendait à l'arrivée et m'a dit que Dan était dans l'auto.

« Daniel ? » Je me rappelle avoir pensé que les vagues ne devaient pas être bonnes ce jour-là.

« Il a eu un accident mais tout va bien, ne t'en fais pas. »

Une mère qui voyage pour son travail n'a pas de pire cauchemar que celui-là. J'ai couru si vite vers l'auto que le talon de mon soulier s'est brisé. J'ai ouvert la porte et j'ai vu mon plus jeune fils, un bandeau sur l'oeil, qui se penchait vers moi en ouvrant les bras et en s'écriant : « Oh ! Maman, je suis si content que tu sois revenue. »

J'ai pleuré dans ses bras en lui disant que je m'en voulais de ne pas avoir été là quand le surveillant de plage avait téléphoné.

« Ça va, maman, dit-il pour me réconforter. Tu ne sais pas surfer de toute façon. »

« Quoi ? » fis-je, déroutée par sa logique.

« Je vais bien, dit-il. Le docteur a dit que je pourrais recommencer à surfer dans huit jours. »

Était-il devenu fou ? J'avais envie de lui dire qu'il n'aurait plus le droit de toucher à une planche de surf avant l'âge de 35 ans, mais je me suis mordu la langue et j'ai prié pour que cet accident lui fasse passer le goût de surfer une fois pour toutes.

Durant les sept jours qui suivirent, il n'a pas cessé de me supplier de le laisser retourner à la plage. Un jour, après lui avoir dit non pour la centième fois, je me suis fait battre à mon propre jeu.

« Maman, tu m'as appris à ne jamais abandonner les choses que j'aime. »

Puis il m'a offert un pot-de-vin, un poème encadré de Langston Hughes « que j'ai acheté en pensant à toi ».

La mère à son fils

C'est moi qui te le dis, petit,
La vie c'est pas comme marcher sur du velours.
C'est un escalier qu'il faut grimper.
Y a des clous qui dépassent,
Et des éclisses,
Et des planches abîmées,
Et des bouts où y a même pas de plancher :
Des trous.
Et tout ce temps-là,
On n'arrête pas de grimper,
De changer de palier,
De tourner les coins,
Même si des fois y a pas de lumière
Et qu'on n'y voit rien.
Alors, petit, te retourne pas,
Va pas redescendre l'escalier
C'est assez dur, fais pas exprès
Va pas dégringoler maintenant.
Parce que moi je continue,
J'ai pas fini de grimper
Et c'est moi qui te le dis,
La vie c'est pas comme marcher sur du velours.

J'ai craqué.

À l'époque, Daniel n'était qu'un jeune garçon avec une passion pour le surf. Maintenant, c'est un homme avec des responsabilités. Il est classé parmi les 25 meilleurs surfeurs au monde.

J'avais passé le test qui consistait à mettre en pratique dans ma propre cour un principe que je vais enseigner dans des villes éloignées : « Les gens passionnés font ce qu'ils aiment et n'abandonnent jamais. »

Danielle Kennedy

L'échec ? Connais pas.

Voir les choses dans la semence, c'est cela le génie.

Lao Tseu

Si vous pouviez venir en Californie me rendre visite dans mon bureau, vous seriez frappé par la présence d'un magnifique comptoir en céramique espagnole et en bois d'acajou avec ses neuf grands tabourets recouverts de cuir (le genre de comptoir où l'on vendait des boissons gazeuses dans les drugstores d'autrefois). Étrange ? Oui. Mais si ces tabourets pouvaient parler, ils vous raconteraient l'histoire de cette journée où j'ai failli tout abandonner.

C'était durant la période de récession qui a suivi la Deuxième Guerre mondiale et les emplois étaient rares. Cowboy Bob, mon mari, avait emprunté de l'argent pour acheter une petite entreprise de nettoyage à sec. Nous avions deux adorables bébés, une petite maison dans un lotissement de banlieue, une voiture, et les habituels paiements à terme. Puis tout a basculé. Soudainement, l'argent manquait pour les paiements hypothécaires et pour tout le reste.

Je me disais que je n'avais aucun talent, aucune expérience, aucun diplôme. Je ne me tenais pas en haute estime. Mais je me suis souvenue d'une figure de mon passé qui, elle, m'avait reconnu quelque talent : c'était mon professeur d'anglais à l'école secondaire d'Alhambra. Elle m'avait incitée à suivre les cours de journalisme et m'avait nommée responsable de la publicité et rédactrice en chef du journal de l'école. Je pensais : « Si j'écrivais une « chronique consommation » dans le petit hebdomadaire local, je gagnerais peut-être assez pour couvrir les versements hypothécaires ? »

Je n'avais ni voiture ni gardienne d'enfants. Alors j'ai installé mes deux enfants dans une vieille poussette rembourrée avec un gros oreiller et nous sommes partis tous les trois. Une des roues était toujours démontée mais je la remettais en place d'un coup de talon et je continuais. J'avais décidé que mes enfants ne perdraient pas leur maison comme cela m'était arrivé trop souvent quand j'étais enfant.

Mais, au journal, il n'y avait pas de travail pour moi. Récession. Alors j'ai eu l'idée des « bonnes affaires de la semaine ». J'ai proposé de leur acheter de l'espace publicitaire au prix de gros pour ensuite le vendre aux annonceurs au prix de détail. Ils ont accepté, et m'ont dit plus tard qu'ils ne me donnaient pas une semaine à trimballer cette vieille poussette sur nos routes de campagne. Mais ils avaient tort.

L'idée a bien marché. J'ai gagné suffisamment d'argent pour payer l'hypothèque et pour acheter une vieille voiture que Cowboy Bob m'avait dénichée. Puis j'ai engagé une étudiante de l'école secondaire qui venait garder mes enfants de trois à cinq heures tous les après-midi. Quand l'horloge sonnait trois heures, je me sauvais avec mes échantillons sous le bras pour ne pas être en retard à mes rendez-vous.

Mais un jour où le temps était lourd et pluvieux, tous mes clients me firent faux bond au moment où j'allais chercher leur texte imprimé.

« Pourquoi ? » demandai-je. Ils avaient remarqué, me dirent-ils, que Ruben Ahlman, président de la chambre de commerce et propriétaire de la pharmacie Rexall, ne faisait pas affaire avec moi. Son magasin était le plus achalandé en ville. C'était un homme de jugement. « S'il n'achète pas vos publicités, m'expliquèrent-ils, c'est qu'il doit y avoir quelque chose qui cloche. »

Ç'a été comme un coup au coeur. Ces quatre annonces équivalaient à un versement hypothécaire. Puis je me suis dit : je vais essayer encore une fois de parler à monsieur Ahlman. Tout le monde l'aime et le respecte. Il va sûrement m'écouter. Chaque fois que j'avais essayé de l'approcher par le passé, il avait refusé de me voir. Il était toujours « sorti » ou trop occupé. Je savais que s'il me confiait sa publicité, les autres marchands de la ville lui emboîteraient le pas.

Cette fois, quand je suis entrée dans la pharmacie, il était au guichet des prescriptions à l'arrière du magasin. J'ai souri de toutes mes dents en lui montrant ma précieuse « page des bonnes affaires » sur laquelle j'avais soigneusement délimité les espaces publicitaires avec les crayons de couleur de mes enfants. « Tout le monde respecte votre opinion, Monsieur Ahlman. Voudriez-vous regarder mon travail une seconde pour que je puisse dire aux autres marchands ce que vous en pensez ? »

Il fit une horrible grimace, la bouche en U tourné à l'envers. Sans dire un mot, d'un air glacial et catégorique, il hocha la tête en signe de dénégation, « NON ! » Mon coeur s'est brisé avec un tel fracas que tout le monde, me semblait-il, aurait dû l'entendre autour de moi.

Soudainement, je n'avais plus aucun enthousiasme. Je me suis traînée jusqu'au joli comptoir à l'avant du magasin, mais je ne pensais pas avoir la force d'aller jusqu'à chez moi. Je ne voulais pas m'asseoir au comptoir sans acheter quelque chose, alors j'ai sorti ma dernière monnaie et j'ai commandé un Coke cerise. Je ne savais plus quoi faire. Mes enfants perdraient-ils leur maison comme j'avais perdu la mienne à leur âge ? Mon professeur de journalisme s'était-elle trompée ? Le talent dont elle parlait n'était peut-être qu'un feu de paille ? J'avais les larmes aux yeux.

« Que se passe-t-il, ma chère ? » dit une douce voix assise à côté de moi. J'ai levé les yeux et mon regard s'est posé sur le visage sympathique d'une belle dame aux cheveux grisonnants. Je lui ai raconté mon histoire en ajoutant pour terminer : « Mais Monsieur Ahlman, que tout le monde respecte tant, ne veut pas regarder mon travail. »

« Laissez-moi voir ces « bonnes affaires de la semaine » », dit-elle. Elle prit l'exemplaire que j'avais marqué au crayon et l'examina minutieusement. Puis elle tourna sur son tabouret, se leva et, d'une voix autoritaire, les yeux fixés sur le guichet à l'arrière du magasin, s'écria : « Ruben Ahlman, viens ici ! » C'était madame Ahlman !

Elle dit à Ruben d'acheter mes annonces publicitaires. Sa grimace de tout à l'heure se changea en un grand sourire. Puis elle voulut savoir le nom des quatre marchands qui m'avaient fait faux bond. Elle s'empara du téléphone et les appela un après l'autre. Ensuite elle m'a embrassée et m'a dit de retourner les voir, qu'ils n'attendaient plus que ça pour me donner leurs annonces.

Ruben et Vivian Ahlman sont devenus nos bons amis, et mes fidèles clients. J'ai appris que Ruben était un homme charmant et un incorrigible acheteur. Il avait promis à Vivian de ne plus acheter de publicité dans les journaux. Il essayait simplement de tenir sa promesse. Si j'avais été mieux informée, je me serais peut-être adressée à madame Ahlman dès le départ. Cette conversation sur les tabourets du comptoir à boissons gazeuses fut le point tournant de ma carrière. Mon agence de publicité n'a pas cessé de prospérer depuis et j'ai maintenant quatre bureaux de ventes, 285 employés et 4000 clients liés par contrat.

Plus tard, quand monsieur Ahlman a modernisé sa vieille pharmacie et a voulu se débarrasser du comptoir en acajou, mon cher Cowboy Bob l'a acheté et l'a installé dans mon bureau. Si vous étiez ici en Californie, nous serions assis sur ces tabourets. Je vous offrirais un Coke cerise et vous rappellerais qu'il ne faut jamais abandonner, qu'on peut toujours obtenir de l'aide au moment où l'on s'y attend le moins.

Puis je vous dirais : si vous n'arrivez pas à rencontrer la personne à qui vous désirez parler, informez-vous. Passez par un autre chemin. Cherchez quelqu'un qui lui parlera pour vous. Et finalement je vous servirai ces mots pétillants d'esprit et de fraîcheur de Bill Marriott des Hôtels Marriott :

L'échec ? Connais pas.
Je n'ai jamais eu que des empêchements temporaires.

Dottie Walters

Avant d'être plus créatif, j'attends...

1. L'inspiration
2. La permission
3. Une garantie
4. Que le café soit prêt
5. Mon tour
6. Que quelqu'un passe devant
7. La liste des règlements
8. Que quelqu'un change
9. Des *fairways* moins étroits
10. Ma revanche
11. Que l'enjeu soit moins grand
12. Qu'on me donne plus de temps
13. Que mes relations avec quelqu'un :
    a) s'améliorent
    b) cessent
    c) commencent
14. La bonne personne
15. Un désastre
16. Qu'il ne reste presque plus de temps
17. D'avoir trouvé un bouc émissaire
18. Que les enfants quittent la maison
19. Un Dow Jones de 1500 points
20. Que le loup danse avec l'agneau
21. Un consentement mutuel
22. Un meilleur moment
23. Un horoscope plus favorable
24. Que ma jeunesse revienne
25. La neuvième manche
26. Une réforme du système judiciaire
27. La réélection de Richard Nixon
28. Que l'âge m'autorise

toutes les excentricités
29. Demain
30. Une paire de valets
31. Mon *check-up* annuel
32. Un meilleur groupe d'amis
33. Un enjeu plus important
34. Le début du semestre
35. Le feu vert
36. Que le chat arrête de griffer le sofa
37. L'absence de risque
38. Que le chien du voisin cesse de japper
39. Que mon oncle termine son service militaire
40. Que quelqu'un me « découvre »
41. Des mesures de protection plus adéquates
42. Une baisse du taux de l'impôt sur les gains en capitaux
43. La fin du délai de prescription
44. La mort de mes parents (Non, c'est une blague !)
45. Un remède contre l'herpès, le sida
46. Que toutes les choses que je n'aime pas ou ne comprends pas disparaissent
47. Qu'il n'y ait plus de guerres
48. Un regain de tendresse
49. Que quelqu'un me regarde faire
50. Des instructions claires et précises
51. De meilleurs contraceptifs
52. L'égalité des femmes
53. Qu'on ait vaincu la pauvreté, l'injustice, la cruauté, la duperie, l'incompétence, la peste, le crime et le persiflage sous toutes ses formes
54. Mon brevet d'invention
55. Le retour de Chicken Little
56. Que mes subalternes prennent leurs responsabilités

57. Que mon ego soit moins fragile
58. Que l'eau bouille
59. Une nouvelle carte de crédit
60. L'accordeur de piano
61. La fin de cette réunion
62. Que mes dettes soient payées
63. Mon dernier chèque d'assurance chômage
64. Le printemps
65. Mon complet-veston qui est chez le tcinturier
66. D'avoir une meilleure image de moi-même
67. Un signe du Ciel
68. Qu'on m'exempte de pension alimentaire
69. Que les éclairs de génie perdus dans le fouillis de mes premiers balbutiements soient reconnus, applaudis et récompensés généreusement afin que j'aie tout le confort pour travailler à la deuxième version
70. Un nouvel ordre du jour
71. Que divers bobos et malaises disparaissent
72. Des files d'attente moins longues à la banque
73. Un vent de fraîcheur
74. Que mes enfants soient attentionnés, propres, obéissants et autonomes
75. La saison prochaine
76. Que quelqu'un d'autre fasse une gaffe
77. Qu'on m'apprenne que cette vie n'était qu'une répétition générale avec encore quelques corrections à apporter à l'histoire avant le soir de première
78. Qu'on écoute le gros bon sens
79. La prochaine fois
80. Que tu arrêtes de me faire de l'ombre
81. Que mon heure arrive
82. D'avoir un meilleur désodorisant

83. D'avoir fini ma dissertation
84. D'avoir aiguisé mon crayon
85. Que le chèque passe
86. Que ma femme, ma chance ou mon boomerang revienne
87. L'approbation de mon docteur, la permission de mon père, la bénédiction de mon curé ou le feu vert de mon avocat
88. Le matin
89. Que la Californie sombre dans l'océan
90. Une époque moins turbulente
91. Le retour du marchand de glaces
92. Que le destin m'appelle en P.C.V.
93. Un meilleur abri fiscal
94. Que l'envie de fumer me passe
95. Que les taux baissent
96. Que les taux montent
97. Que les taux se stabilisent
98. Qu'on ait liquidé la succession de mon grand-père
99. Des tarifs réduits
100. Qu'on me fasse signe
101. Que tu passes devant

David B. Campbell

Tout le monde peut faire quelque chose

La différence fondamentale entre l'homme ordinaire et le guerrier, c'est que le guerrier considère toute chose comme un défi, tandis que l'homme ordinaire voit en toute chose soit une bénédiction soit une malédiction.

Don Juan

Roger Crawford avait tout ce qu'il faut pour jouer au tennis... sauf deux mains et une jambe.

Lorsque les parents de Roger virent leur fils pour la première fois, ils virent une sorte de protubérance en forme de pouce qui dépassait de son avant-bras droit, et un pouce et un doigt qui sortaient directement de son avant-bras gauche. Il n'y avait pas de mains. Les bras et les jambes du bébé étaient anormalement courts ; il n'y avait que trois orteils sur son pied droit atrophié ; et sa jambe gauche, elle aussi atrophiée, devait être amputée.

Le docteur leur dit que Roger souffrait d'ectrodactylie, une malformation extrêmement rare qui ne touche qu'un bébé sur 90 000 aux États-Unis. Le docteur pensait que Roger ne marcherait probablement jamais et aurait toujours besoin qu'on prenne soin de lui.

Heureusement, les parents de Roger n'ont pas cru le docteur.

« Mes parents m'ont toujours enseigné que je n'étais handicapé que dans la mesure où je voulais l'être, dit Roger. Ils ne m'ont jamais permis de m'apitoyer sur mon sort ou de profiter de mon infirmité pour me servir des gens. Une fois que j'étais dans le pétrin parce que mes travaux scolaires étaient toujours en retard (il faut dire que Roger, qui tenait son crayon à deux « mains », écrivait très lentement), j'ai demandé à mon père d'écrire une lettre à l'attention de mes professeurs les priant de m'accorder un délai de deux jours pour remettre mes travaux. Au lieu de cela, mon père m'a fait commencer tous mes travaux deux jours à l'avance ! »

Le père de Roger l'avait toujours encouragé à faire du sport ; il lui avait appris à attraper et à lancer un ballon de volley-ball, et chaque jour après l'école ils jouaient au football derrière la maison. À l'âge de 12 ans, Roger réussit à se tailler une place dans l'équipe de football de l'école.

Avant chaque partie, Roger repassait dans sa tête son rêve de marquer un touché. Un jour il eut sa chance. Le ballon lui tomba dans les bras et il se mit à courir vers la ligne de but aussi vite qu'il est possible de le faire avec une jambe artificielle, pendant que son entraîneur et ses coéquipiers s'époumonaient à l'encourager. Mais à 10 verges des buts, un gars de l'autre équipe l'a rattrapé et l'a pris par la cheville gauche. Roger a tenté de libérer sa jambe artificielle, mais il a plutôt fini par la perdre.

« J'étais encore debout, se souvient Roger, je ne savais pas quoi faire d'autre alors je me suis mis à sautiller vers la ligne de but. L'arbitre est accouru en levant les bras. Touché ! Mais le plus beau, vous savez, encore plus beau que les six points, ç'a été de voir l'expression sur le visage du gars qui se retrouvait avec ma jambe artificielle. »

Plus il se passionnait pour le sport, plus il prenait confiance en lui-même. Mais sa détermination n'avait pas raison de tous les obstacles. Manger à la cafétéria, où les autres élèves le regardaient tripoter maladroitement sa nourriture, lui était très pénible, de même que d'échouer sans cesse au cours de dactylo. « Les cours de dactylo m'ont donné une bonne leçon, dit Roger. On peut pas *tout* faire : il vaut mieux se concentrer sur ce qu'on *peut* faire. »

S'il y a une chose que Roger pouvait faire, c'était frapper une balle de tennis. Malheureusement, étant donné qu'il n'avait pas beaucoup de prise, il arrivait souvent que la raquette lui échappe quand il essayait de frapper trop fort. Par chance, Roger entra dans un magasin d'articles de sport où il vit une drôle de raquette à double manche dans lequel son doigt est resté coincé quand il a voulu la prendre. La raquette lui permettait de réussir tous les coups, revers, coup droit, service et volée, comme un joueur ordinaire. Roger s'entraînait tous les jours avec sa nouvelle raquette et il put bientôt jouer — et perdre — des matchs.

Mais Roger persévéra. Il s'entraînait, jouait, s'entraînait, jouait. Une opération aux deux doigts de sa main gauche lui permit de tenir sa raquette encore mieux, et son jeu s'améliora grandement. Bien qu'il n'eût pas de modèle pour le guider sur cette voie, Roger était un obsédé du tennis et, avec le temps, il se mit à gagner.

Roger devint un bon joueur universitaire, se retirant avec un total de 22 victoires et 11 défaites. Il devint ensuite le premier joueur de tennis handicapé à être accrédité comme entraîneur par la *United States Professional Tennis Association.* Maintenant Roger fait la tournée des salles de conférences où il explique aux groupes venus l'entendre ce qu'il faut faire pour gagner, qui que l'on soit.

« La seule différence entre vous et moi, c'est que vous pouvez voir mes handicaps, et je ne peux pas voir les vôtres. Nous avons *tous* des handicaps. Quand les gens me demandent comment j'ai pu surmonter mon infirmité, je leur dis que je n'ai rien surmonté. J'ai simplement voulu savoir ce que je ne pouvais pas faire — comme jouer du piano ou manger avec des baguettes — mais surtout ce que je *pouvais* faire. Ensuite, j'ai fait ce que j'ai pu en y mettant tout mon coeur et toute mon âme. »

Jack Canfield

Aux commandes de sa propre vie

L'expérience n'est pas ce qui arrive dans la vie d'un homme. C'est ce qu'un homme arrive à faire dans la vie.

Aldous Huxley

Que feriez-vous si à l'âge de 46 ans votre motocyclette prenait feu dans un terrible accident qui vous rendrait complètement méconnaissable ? Et si quatre ans plus tard vous deveniez paralytique des membres inférieurs par suite d'un accident d'avion ? Pouvez-vous vous imaginer ensuite devenir millionnaire, éminent conférencier, jeune marié et homme d'affaires prospère ? Vous voyez-vous en train de descendre une rivière en canot ? De skier ? De vous présenter aux élections ?

W. Mitchell a fait toutes ces choses et d'autres encore *après* que deux horribles accidents l'eurent cloué dans un fauteuil roulant, les jambes maigres et sans vie, les doigts des deux mains sectionnés et le visage bariolé comme une courtepointe suite à de nombreuses greffes de peau.

Les 16 opérations que Mitchell subit après l'accident de moto pour soigner les brûlures qui s'étendaient à plus de 65 % de la surface de son corps, le laissèrent incapable de prendre une fourchette, de composer un numéro de téléphone ou d'aller seul aux toilettes. Mais Mitchell, un ancien Marine, ne s'est jamais cru perdu. « C'est mon vaisseau spatial et c'est moi qui tiens les commandes, dit-il. Il y a des hauts, des bas. J'ai le choix de voir dans cette situation soit un dur coup soit un point de départ. » Six mois plus tard, il recommençait à piloter un avion.

Mitchell s'est acheté une maison victorienne au Colorado, quelques biens immobiliers, un avion et un bar. Plus tard il s'associa avec deux amis pour se lancer dans la fabrication et la vente de poêles à bois, et leur entreprise devint bientôt le deuxième employeur privé de tout le Vermont.

Et puis, quatre ans après l'accident de motocyclette, quand l'avion qu'il pilotait s'écrasa sur la piste pendant le décollage, Mitchell eut les 12 vertèbres thoraciques brisées et les membres inférieurs paralysés à jamais. « Je me demandais qu'est-ce qui m'arrivait. Qu'est-ce que j'avais fait pour mériter ça. »

Inébranlable, Mitchell travailla nuit et jour pour regagner le plus d'autonomie possible. Il fut élu maire de Crested Butte, Colorado, après avoir fait campagne contre les projets de développement minier qui auraient défiguré la ville et pollué son air. Mitchell se présenta plus tard au Congrès, tournant son aspect singulier à son avantage avec des slogans comme celui-ci : « Avec une gueule pareille, faut être honnête ! »

Malgré son apparence de prime abord repoussante et ses handicaps physiques, Mitchell se mit à faire du canot, tomba amoureux et se maria, obtint un diplôme de maîtrise en administration publique et continua de piloter un avion, de lutter pour la protection de l'environnement et de donner des conférences.

L'indomptable force morale de Mitchell lui valut des invitations au *Today Show* et à *Good Morning America*, ainsi que des articles de fond publiés dans plusieurs journaux et magazines, dont *Parade, Time* et *The New York Times*.

« Avant d'être paralysé, dit Mitchell, il y avait 10 000 choses que je pouvais faire. Maintenant il y en a 9000. Je peux soit regretter les 1000 qui manquent soit me concentrer sur les 9000 restantes. Je dis aux gens que j'ai eu deux gros obstacles à surmonter dans ma vie. Si vous songez que j'ai choisi, moi, de ne pas me servir de ces excuses pour tout abandonner, alors peut-être que certaines de vos propres difficultés vous paraîtront moins grandes. Vous devez prendre du recul, voir la situation dans son ensemble, et peut-être direz-vous : Oui, après tout, les choses ne vont pas si mal. »

Rappelez-vous : « Ce n'est pas ce qui vous arrive, c'est ce que vous arrivez à faire. »

Jack Canfield et Mark V. Hansen

Cours, Patti, cours !

À un âge encore tendre, Patti Wilson s'est fait dire par les médecins qu'elle était épileptique. Son père, Jim Wilson, est un joggeur matinal. Devenue adolescente, Patti lui dit en souriant malgré son appareil dentaire : « Papa, tu sais ce qui me plairait vraiment ? Ce serait d'aller courir avec toi, mais j'ai peur d'avoir une crise. »

Son père lui répondit : « En pareil cas, je saurais quoi faire. Alors, viens courir. »

Et c'est exactement ce qu'elle fit tous les jours. C'était une expérience merveilleuse à partager avec son père et elle n'eut aucune attaque d'épilepsie en courant. Après quelques semaines, elle dit à son père : « Papa, ce qui me plairait vraiment, ce serait de battre le record féminin de la plus longue course de fond. »

Son père consulta le livre des records Guinness et vit que le record mondial était de 130 km. En première année du cycle secondaire, Patti déclara : « Je vais courir de Orange County à San Francisco. » (Une distance de 645 km.) « L'année prochaine, je vais courir jusqu'à Portland, Oregon. » (Plus de 2415 km.) « L'année d'après, je courrai jusqu'à Saint Louis. » (Environ 3220 km.) « Et la dernière année, je courrai jusqu'à la Maison-Blanche. » (Plus de 4830 km de distance.)

Si l'on tient compte de son épilepsie, il faut reconnaître que Patti était aussi ambitieuse qu'enthousiaste, mais elle-même ne voyait là qu'un simple « inconvénient ». Elle se concentrait non pas sur ce qu'elle avait perdu, mais sur ce qui lui restait.

Cette année-là, quand elle termina sa course vers San Francisco, elle portait un T-shirt sur lequel on lisait : « J'aime les épileptiques. » Son père avait couru chaque kilomètre à ses côtés pendant que sa mère, une infirmière, les suivait dans une roulotte.

La deuxième année, les camarades de classe de Patti se mirent de la partie. Ils lui fabriquèrent un gigantesque poster arborant ces trois mots qui sont devenus sa devise et le titre du livre qu'elle a écrit : « Cours, Patti, cours ! » Lors du second marathon, en route pour Portland, elle se fractura un os du pied. Un docteur lui dit que sa course s'arrêtait là : « Il faut plâtrer la cheville, dit-il, pour ne pas qu'il y ait de séquelles. »

« Vous ne comprenez pas, docteur, dit-elle. Courir n'est pas une lubie qui va me passer, c'est une obsession, une magnifique obsession ! Je ne cours pas seulement pour moi, je le fais pour inciter les gens à secouer leurs chaînes. N'y aurait-il pas moyen de me laisser courir ? » Elle avait une autre suggestion. Le docteur pourrait bander la cheville au lieu de la plâtrer, mais elle était prévenue que ce serait incroyablement douloureux, et le docteur ajouta : « Sans compter les ampoules... » Elle lui dit de faire le bandage.

Elle termina sa course vers Portland, courant le dernier kilomètre en compagnie du Gouverneur de l'Oregon. Vous vous souvenez peut-être de la manchette : « La super-coureuse Patti Wilson termine son marathon pour l'épilepsie le jour de son 17e anniversaire. »

Au bout d'une course de quatre mois presque ininterrompue entre la côte Ouest et la côte Est, Patti arriva à la Maison-Blanche où elle serra la main du Président des États-Unis. Elle lui dit : « Je voulais que les gens sachent que les épileptiques sont des êtres humains normaux qui vivent des vies normales. »

J'ai raconté cette histoire durant l'un de mes séminaires il n'y a pas si longtemps et plus tard, ce soir-là, un homme costaud est venu me trouver, la larme à l'oeil et sa grosse main tendue : « Mark, je m'appelle Jim Wilson. C'est ma fille Patti dont vous parliez. » Grâce à ses nobles efforts, me dit-il, on a recueilli assez d'argent pour fonder 19 centres hospitaliers spécialisés dans le traitement de l'épilepsie, chacun nécessitant un investissement de plusieurs millions de dollars.

Si Patti Wilson peut faire tant de choses avec si peu, que pouvez-vous faire pour vous dépasser et trouver, par-delà vos limites, un état de bien-être total ?

Mark V. Hansen

La détermination

La petite école de campagne était chauffée à l'ancienne, avec un de ces gros poêles à charbon aux parois bombées. Un petit garçon avait pour tâche d'arriver tôt chaque matin pour remplir le poêle et réchauffer la pièce avant l'arrivée de l'institutrice et des autres élèves.

Quand ils arrivèrent ce matin-là, l'école était la proie des flammes. Ils trouvèrent le petit garçon inconscient et plus mort que vif et réussirent à le traîner hors de l'immeuble. Il avait de graves brûlures sur toute la partie inférieure du corps et on dut l'emmener d'urgence à l'hôpital le plus proche.

De son lit d'hôpital, à demi inconscient et souffrant atrocement, le petit garçon pouvait quand même entendre le docteur qui parlait à sa mère. Le docteur disait à la mère que son enfant ne survivrait pas — ce qui, dans les circonstances, était presque souhaitable car le feu avait dévoré toute la partie inférieure de son corps.

Mais le brave petit garçon ne voulait pas mourir. Il s'était mis dans l'idée qu'il allait survivre. À la grande surprise du médecin, il survécut effectivement. Quand ses jours ne furent plus en danger, il entendit encore une fois sa mère et le docteur parler à voix basse. Le docteur disait qu'il aurait mieux valu que l'enfant meure puisqu'il était maintenant condamné à demeurer infirme toute sa vie.

Encore une fois, le brave petit garçon avait sa propre idée : il ne serait pas infirme. Il marcherait. Malheureusement, il n'avait plus aucune motricité dans les membres inférieurs. Ses maigres jambes ne faisaient plus que pendre inutilement, presque sans vie.

Finalement, il a pu sortir de l'hôpital et rentrer chez lui. Chaque jour, sa mère massait ses petites jambes, mais il n'avait aucune sensation, aucune réaction, rien. Pourtant il n'avait jamais été plus déterminé à marcher.

Quand il n'était pas dans son lit, il était confiné dans son fauteuil roulant. Par une belle journée ensoleillée, sa mère l'emmena dans la cour pour qu'il puisse prendre un peu d'air frais. Ce jour-là, au lieu de rester assis, il se jeta en bas de son fauteuil. Il rampa sur le gazon, traînant ses jambes derrière lui.

Il rampa ainsi jusqu'à la clôture de bois qui entourait leur terrain. À grand-peine, en s'agrippant aux poteaux, il parvint à hisser son corps et à l'appuyer sur la clôture. Et puis, d'un poteau à l'autre, sûr qu'il arriverait un jour à marcher, il se traîna le long de la clôture. Il refit cet exercice tous les jours tant et si bien que le frottement de ses pieds a fini par tracer un sentier tout autour du terrain. Son seul et unique désir était de rendre à ses jambes leur ancienne vigueur.

Finalement, grâce à ses massages quotidiens, à son acharnement et à son inébranlable détermination, ses jambes retrouvèrent effectivement assez de vigueur pour le maintenir debout ; puis il fit quelques pas hésitants, en s'appuyant sur quelqu'un, puis il prit assez d'assurance pour marcher tout seul et même, au bout d'un certain temps, pour courir !

Il commença à marcher pour aller à l'école, puis à courir pour aller à l'école, puis à courir pour le seul plaisir de courir. Plus tard, à l'université, il a été sélectionné dans l'équipe d'athlétisme.

Quelques années plus tard, au Madison Square Garden, ce jeune homme qui ne devait pas survivre, qui ne marcherait sûrement jamais, qui ne pouvait même pas rêver de courir un jour — ce jeune homme déterminé, le docteur Glenn Cunningham, a couru le mile le plus rapide de tous les temps !

Burt Dubin

La foi

Nous autres quadriplégiques, on est une race de bagarreurs. Sinon, on n'aurait pas survécu. Oui, on est une race de bagarreurs. À bien y penser, il faut reconnaître que la nature nous a dotés d'un sens commun et d'une force de caractère qui ne sont pas donnés à tout le monde.

Et laissez-moi vous dire que ce refus de résignation totale ou partielle à l'égard de sa propre invalidité tient à une seule chose : la foi, une foi quasiment divine.

Dans le hall d'entrée de l'*Institute of Physical Medicine and Rehabilitation*, à New York, il y a un poème gravé sur une plaque de bronze rivée au mur. Durant les mois où j'ai été traité à l'Institut — j'y allais deux ou trois fois par semaine —, j'ai traversé ce hall plusieurs fois dans mon fauteuil roulant, en arrivant puis en repartant. Mais je n'avais jamais pris le temps de me ranger près du mur pour lire ce poème qui a été écrit, d'après ce que dit la plaque, par un soldat inconnu de l'armée des Confédérés. Puis, un après-midi, je l'ai lu. Je l'ai lu et relu. Quand j'ai eu fini de le relire, j'étais près d'exploser — non pas de rage mais d'une joie intérieure tellement intense que je me suis surpris à peiner pour serrer les bras de mon fauteuil roulant. J'aimerais vous le faire lire.

Credo pour ceux qui souffrent

J'ai voulu que Dieu fasse de moi un homme fort, pour que je puisse réussir ma vie.

Il a fallu que je sois faible, pour que j'apprenne à obéir avec humilité...

J'ai voulu la santé, pour que je puisse accomplir de grandes choses.
Il a fallu que je sois infirme, pour que je fasse de meilleures choses...

J'ai voulu la richesse, pour que je puisse être heureux.
Il a fallu que je sois pauvre, pour que je devienne sage...

J'ai voulu le pouvoir, pour que les hommes puissent chanter mes louanges.
Il a fallu que je sois démuni, pour que je ressente le besoin de louanger Dieu...

J'ai voulu qu'on me donne toutes choses, pour que je puisse jouir de la vie.
Il a fallu qu'on me donne la vie, pour que je puisse jouir de toutes choses.

Je n'ai rien eu que j'aie voulu — mais j'ai eu tout ce qu'un homme peut espérer.

Presque malgré moi, mes prières inexprimées ont été exaucées.

Je suis, de tous les hommes, le plus fortuné !

Roy Campanella

Une héroïne des temps modernes

Madame Betty Tisdale est une véritable héroïne des temps modernes. En avril 1975, tandis que les troupes nord-vietnamiennes marchaient sur Saigon, elle savait que son devoir était d'aider les 400 orphelins qu'on était sur le point de jeter à la rue. Elle avait déjà adopté cinq petites orphelines vietnamiennes avec son ex-mari, le colonel Patrick Tisdale, pédiatre, qui était veuf et avait déjà cinq enfants de son premier mariage.

Médecin de la marine américaine en poste au Viêt Nam en 1954, Tom Dooley avait aidé des réfugiés à fuir le Nord communiste. « J'ai vraiment l'impression que Tom Dooley était un saint, dit Betty. En tout cas, il a changé ma vie. » Inspirée par le livre de Dooley, elle a pris toutes ses économies et a fait 14 voyages au Viêt Nam durant ses vacances pour visiter et travailler dans les hôpitaux et orphelinats que Dooley avait fondés. À Saigon, elle est tombée amoureuse des enfants de An Lac (Havre de Joie) — un orphelinat dont la directrice, madame Vu Thi Ngai, qui fut évacuée par Betty le jour où Saigon est tombée, est plus tard allée vivre en Georgie avec elle et ses 10 enfants.

Étant une femme d'action, du genre à inventer des

solutions à mesure que les problèmes surgissent, Betty n'hésita pas à passer aux actes quand elle fut informée du sort qui attendait les 400 enfants. « Oui, dit-elle à madame Ngai. Je viendrai chercher les enfants et je les ferai tous adopter. » Elle ne savait pas comment elle s'y prendrait. Elle savait uniquement qu'elle devait le faire. Plus tard, dans un film sur l'évacuation intitulé *Les Enfants de An Lac*, Shirley Jones a joué le rôle de Betty.

Sans perdre un instant, elle se mit à soulever des montagnes. Elle recueillit l'argent nécessaire de toutes les manières, allant même jusqu'à accepter les timbres-primes. Elle avait décidé d'agir et elle agissait. « Je pensais à tous ces enfants et je les imaginais vivant en Amérique dans de bonnes familles chrétiennes, à l'abri du communisme. » Cette pensée la stimulait.

Par miracle et en travaillant nuit et jour, elle surmonta tous les obstacles à l'organisation d'un pont aérien qui permettrait à 400 enfants de quitter Saigon. Le dimanche elle s'envolait de Fort Benning, Géorgie, et le mardi elle arrivait à Saigon. L'évacuation devait avoir lieu le samedi matin suivant. Toutefois, le docteur Dan, responsable de l'aide sociale vietnamienne, lui annonça dès son arrivée qu'il ne laisserait partir que les enfants âgés de 10 ans et moins et que tous devraient avoir en leur possession un acte de naissance. Elle savait depuis longtemps que les orphelins de guerre peuvent s'estimer heureux pour peu qu'ils soient vivants. Ils n'ont pas d'acte de naissance.

Betty se rendit au département de pédiatrie de

l'hôpital, se procura 225 actes de naissance et se dépêcha d'inscrire la date, l'heure et le lieu de naissance des 219 enfants qui pouvaient partir. « Je n'avais pas idée de l'endroit où ces enfants étaient nés, du nom de leurs parents ou de leur date de naissance. J'inventais des actes de naissance aussi vite que mes doigts pouvaient les écrire. » Sans extraits de naissance, il était peu probable que ces enfants puissent jamais quitter le pays sains et saufs. C'était leur seul espoir, et c'était maintenant ou jamais.

Il lui restait maintenant à trouver un endroit où loger les orphelins une fois qu'on les aurait évacués... Les militaires de Fort Benning résistèrent, mais Betty était merveilleusement tenace et entêtée. Elle avait beau téléphoner, on ne voulait pas lui passer le commandant, alors elle appela le Ministère de la Défense nationale et demanda à parler au ministre lui-même, Bo Callaway. Là aussi, les ordres étaient de ne pas tenir compte des coups de fil de Betty, peu importe si c'était une question de vie ou de mort. Malgré tout, Betty n'était pas abattue. Elle était trop avancée, trop près du but pour s'arrêter maintenant. Misant sur le fait qu'elles étaient toutes deux de la Géorgie, elle appela la mère du ministre et plaida sa cause devant elle. Betty s'adressa à son coeur de mère et lui demanda d'intercéder en sa faveur. Du jour au lendemain, le ministre de la Défense, son fils, répondait aux appels de Betty et faisait en sorte qu'une école de Fort Benning soit mise à la disposition des orphelins de An Lac.

Mais le plus difficile, *sortir* les enfants du pays,

restait à accomplir. En arrivant à Saigon, Betty s'était immédiatement rendue chez l'ambassadeur Graham Martin à qui elle avait demandé d'organiser le transport des enfants. Elle avait déjà tenté d'affréter un avion de la Pan Am, mais la Lloyds de Londres avait tellement augmenté le coût des assurances que les négociations s'étaient arrêtées là. L'ambassadeur accepta de l'aider à la condition que tous les papiers soient en règle avec le gouvernement vietnamien. La vérification des papiers et l'embarquement des enfants dans les deux avions militaires se firent pour ainsi dire simultanément, et quand le docteur Dan eut signé le dernier manifeste, on était prêt à s'envoler, littéralement.

Les orphelins étaient malades et sous-alimentés. La plupart ne s'étaient jamais éloignés de l'orphelinat. Ils avaient peur. Betty avait recruté des soldats et des gens de la chaîne ABC qui aidèrent à embarquer les enfants, à les installer confortablement et à les nourrir durant le transport. Vous n'imaginez pas comment ces volontaires ont été touchés profondément et pour le reste de leur vie en ce beau samedi après-midi où 219 enfants trouvèrent la liberté. Chaque volontaire criait sa joie et sa fierté d'avoir aidé d'une manière tangible à rendre sa liberté à un autre être humain.

Affréter un avion des Philippines à destination des États-Unis n'était pas une mince affaire. Il y avait des frais de 21 000 $ pour louer un avion de la United Airlines. Le docteur Tisdale en garantit le paiement par amour pour les orphelins. Si Betty avait eu plus de temps, elle aurait probablement pu l'obtenir gratuitement. Mais chaque minute comptait, alors elle fit très vite.

Moins d'un mois après leur arrivée aux États-Unis, tous les enfants avaient été adoptés. L'agence *Tressler Lutheran* de York, Pennsylvanie, qui se spécialise dans l'adoption des enfants handicapés, s'était occupée de trouver un foyer à chacun des orphelins.

Betty a prouvé maintes et maintes fois qu'une personne peut accomplir n'importe quoi à condition qu'elle veuille bien demander de l'aide et n'accepte pas qu'on lui dise non, qu'elle fasse tout ce qu'elle peut faire et persévère.

Comme l'a dit un jour le docteur Tom Dooley : « Il faut des gens ordinaires pour faire des choses extraordinaires. »

Jack Canfield et Mark V. Hansen

Allez-vous m'aider ?

En 1989, un tremblement de terre de magnitude 8,2 a dévasté l'Arménie, tuant plus de 30 000 personnes en moins de quatre minutes.

Au milieu de la désolation et du chaos qui suivirent, un homme laissa sa femme en lieu sûr et courut à l'école où son fils était censé se trouver, pour constater aussitôt arrivé que l'immeuble avait été complètement rasé.

Passé le premier choc, il s'est souvenu de la promesse qu'il avait faite à son fils : « Quoi qu'il arrive, je serai toujours là pour toi. » Et les larmes lui montèrent aux yeux. À la vue du tas de débris qu'était devenue l'école, la situation semblait désespérée, mais il ne cessait de se répéter la promesse faite à son fils.

Il tâcha de se remémorer le chemin qu'il prenait chaque matin en accompagnant son fils jusqu'à sa classe. Se rappelant que la salle devait être située dans le coin arrière droit de l'immeuble, il se précipita à cet endroit et se mit à creuser les décombres.

Pendant qu'il creusait, d'autres parents éplorés arrivèrent en criant, la main crispée sur le coeur : « Mon fils ! Ma fille ! » D'autres parents bien intentionnés tentèrent de l'éloigner de ce qui restait de l'école.

« Il est trop tard », disaient-ils.

« Ils sont tous morts. »

« Vous ne pouvez plus les aider. »

« Retournez chez vous. »

« Allez, soyez réaliste, vous ne pouvez rien faire pour eux. »

« Vous ne faites qu'aggraver les choses. »

À tous les parents, il répondait par la même phrase : « Allez-vous m'aider maintenant ? » Puis il recommençait à soulever les pierres, une après l'autre, pour trouver son fils.

Le chef des pompiers voulut le dissuader de continuer. « On signale plusieurs explosions, dit-il, il y a des incendies qui se déclarent un peu partout. Vous êtes en danger. On va s'en occuper. Retournez chez vous. » À cela, ce bon père de famille arménien répondit : « Maintenant, allez-vous m'aider ? »

Un agent de police arriva et lui dit : « Vous êtes furieux, désespéré, mais c'est fini. Vous mettez la vie des autres en péril. Retournez à la maison. Laissez-nous faire. » Sur quoi il répliqua : « Allez-vous m'aider, maintenant ? » Personne ne l'aida.

Courageusement, seul, il continua de creuser parce qu'il avait besoin de savoir : « Mon fils est-il mort ou vivant ? »

Il creusa durant 8 heures... 12 heures... 24 heures... 36 heures... puis, à la 38e heure, il souleva une poutre et crut entendre la voix de son fils. Il cria son nom : « ARMAND ! » Et la voix lui répondit : « Papa ? C'est moi, papa ! J'ai dit aux autres enfants de ne pas s'en faire. J'ai dit que si tu étais en vie, tu me sauverais et qu'alors eux aussi seraient sauvés. Tu m'avais promis : Quoi qu'il arrive, je serai toujours là pour toi. Tu as tenu promesse, papa ! »

« Qu'est-ce qui se passe, là-dedans ? Combien êtes-vous ? » demanda le père.

« Nous sommes 14 survivants sur 33, papa. Nous avons peur, faim, soif, et nous sommes contents que tu sois là. Quand les murs se sont effondrés, ils ont fait comme une voûte, comme un triangle, c'est ça qui nous a sauvés. »

« Sors de là, mon gars ! »

« Non, papa. Laisse sortir les autres d'abord. Parce que je sais que tu vas me sauver. Quoi qu'il arrive, je sais que tu seras là pour moi ! »

Mark V. Hansen

Encore une fois, une dernière fois

Il y a un roman anglais du dix-neuvième siècle dont l'action se situe dans une petite ville galloise où chaque année, depuis plus de 500 ans, les gens se rendent à l'église la veille de Noël pour se réunir et pour prier. Peu avant minuit, chantant des hymnes et des cantiques, ils allument leurs lanternes et marchent quelques kilomètres sur un sentier de campagne au bout duquel se trouve une vieille église abandonnée. Là ils montent une scène représentant la crèche où Jésus est né. Puis, avec une ferveur toute simple, ils s'agenouillent pour prier. Leurs hymnes réchauffent l'air froid de décembre. Tous ceux qui peuvent encore marcher sont là.

Il existe une légende, une croyance selon laquelle si tous les citoyens sont présents la veille de Noël, et s'ils prient tous avec une foi parfaite, alors et alors seulement, sur le coup de minuit, le second avènement sera tout proche. Et depuis 500 ans ils viennent prier dans les ruines de cette église. Pourtant, le second avènement n'a pas eu lieu.

À l'un des personnages principaux du roman, quelqu'un demande : « Croyez-vous qu'Il va revenir dans notre ville la veille de Noël ? »

« Non, répond-il en hochant tristement la tête. Non, je n'y crois pas. »

« Alors pourquoi y allez-vous chaque année ? »

« Ah, dit-il en souriant, et si j'étais le seul absent le jour où Il reviendra ? »

C'est une foi bien mince que celle-là, n'est-ce pas ? Mais c'est quand même de la foi. Et comme il est dit dans le Nouveau Testament, si nous avons une foi grosse comme un grain de sénevé, nous pourrons entrer au Royaume des Cieux. Parfois, quand on travaille avec des enfants traumatisés, des jeunes délinquants, des adolescents troublés, des parents, maris, femmes, amis ou clients alcooliques, violents, dépressifs ou suicidaires... c'est dans ces moments-là que nous avons besoin de ce petit grain de foi qui poussait cet homme à revenir chaque année dans l'église en ruines. Encore une fois. Une dernière fois. Juste au cas où ce serait la bonne.

Nous sommes parfois appelés à travailler avec des gens en qui plus personne ne croit. Nous-mêmes, parfois, en venons à la conclusion qu'il n'y a plus pour eux aucune possibilité de changer ou de croître. C'est à ce moment-là qu'il nous est donné, pourvu qu'il nous reste ne serait-ce qu'une parcelle de foi, de prendre un tournant, de faire un grand pas en avant, de sauver quelqu'un qui mérite d'être sauvé. S'il te plaît, mon ami, reviens encore une fois, une dernière fois.

Hanoch McCarty

Il y a des champions partout

Il y a une foule de gens qui auraient pu devenir champions du monde, champions olympiques, et qui n'ont jamais essayé. J'estime à cinq millions le nombre de ceux qui auraient pu me battre au saut à la perche l'année où j'ai gagné *au moins* cinq millions. Des hommes qui étaient plus forts, plus gros, plus rapides que moi auraient pu gagner, mais ils n'ont jamais pris une perche dans leurs mains, jamais fait l'effort pourtant minime de sauter dans les airs en essayant de passer par-dessus la barre.

Il y a des champions partout. Il est facile de le devenir parce que ceux qui le sont déjà sont prêts à vous aider. Ce que je trouve fantastique dans tous les congrès auxquels j'assiste, c'est que les meilleurs dans leur domaine n'hésitent pas à partager leurs idées, leurs méthodes et leurs techniques avec tout le monde. J'ai vu les meilleurs vendeurs au monde s'ouvrir aux plus jeunes et leur montrer exactement comment ils s'y prenaient. Ils ne cachent rien. Je sais que c'est vrai aussi dans le monde du sport.

Je n'oublierai jamais l'époque où je tentais de battre le record de Dutch Warmer Dam. J'étais à peu près à 30 centimètres du record, alors je l'ai appelé au téléphone. J'ai dit : « Dutch, peux-tu m'aider ? On dirait que j'ai plafonné. Je ne peux pas sauter plus haut. »

« Bien sûr, viens me voir, répondit-il, je peux te montrer un tas de choses. » J'ai passé trois jours avec le maître, le plus grand perchiste au monde. Durant trois jours, Dutch m'a montré tout ce qu'il savait. Il y avait des choses à corriger et il l'a fait. Pour abréger, disons que j'ai haussé la barre de 20 centimètres. Ce grand homme m'avait montré tout ce qu'il savait. J'ai découvert que les grands sportifs et les héros font volontiers ce genre de choses simplement parce qu'ils veulent que vous aussi deveniez un champion.

John Wooden, le grand entraîneur de basket-ball, a pour philosophie de rendre un service par jour à quelqu'un qui ne pourra jamais lui renvoyer l'ascenseur. C'est comme une obligation.

Lorsqu'il préparait sa thèse de maîtrise sur le recrutement des joueurs et la défensive au football, George Allen rédigea un questionnaire de 30 pages qu'il fit parvenir à tous les grands entraîneurs du pays. 85 % des entraîneurs sondés répondirent à toutes les questions.

Les grands hommes sont généreux et George Allen est devenu l'un des meilleurs entraîneurs de football aux États-Unis. Les grands hommes n'hésitent pas à vous confier leurs secrets. Cherchez-les, appelez-les ou achetez leurs livres. Allez les trouver, approchez-vous, présentez-vous. Il est facile d'être un champion quand on est entouré de champions.

Bob Richards
Athlète olympique

7

Sagesse éclectique

Cette vie est un test.
Rien qu'un test.
Si c'était pour du vrai,
On nous aurait donné
Plus d'instructions concernant
Où il faut aller et ce qu'il faut faire !

Lu sur un tableau d'affichage

Tope là !

Quand Marita avait 13 ans, c'était le temps des T-shirts bariolés et des jeans usés à la corde. Moi qui ai grandi durant la grande dépression avec peu ou pas du tout d'argent pour acheter des vêtements, je n'ai jamais été aussi mal habillée. Un jour je l'ai surprise dans l'allée du garage en train d'astiquer les bords de ses nouveaux jeans avec des roches et de la terre. J'étais scandalisée de la voir abîmer des pantalons que je venais juste d'acheter et j'ai été lui dire ma façon de penser. Elle a continué de sourire pendant que je lui racontais l'histoire à faire pleurer de ma propre enfance. Quand j'ai eu terminé, sans avoir pu lui arracher une seule larme de repentir, je lui ai demandé pourquoi elle massacrait ses nouveaux jeans. Elle a répondu sans même lever les yeux vers moi : « On ne peut pas les porter neufs. »

« Comment ça ? »

« Ça ne se fait pas, tout simplement. Alors je les use pour qu'ils aient l'air vieux. » Quel gaspillage de logique ! Comment pouvait-il être à la mode d'abîmer des vêtements neufs ?

Chaque matin quand elle partait pour l'école, je la regardais en soupirant : « Ma fille accoutrée comme ça ! » Elle portait un des vieux T-shirts de son père, tout bariolé et couvert de grosses taches bleues. « Bon pour faire des torchons », pensais-je. Et ces jeans, portés tellement bas sous la ceinture — j'avais peur qu'un de ces jours, en prenant une grande respiration, ils tombent par terre et qu'elle se retrouve les fesses à l'air. Mais comment auraient-ils pu tomber ? Ils étaient tellement serrés qu'ils ne pouvaient plus bouger. Les bords effrangés, à l'aide des roches, traînaient derrière elle quand elle marchait.

Un jour après son départ pour l'école, c'est comme si le Seigneur m'était apparu et m'avait dit : « Te rends-tu compte de ce que tu dis à Marita chaque matin ? « Ma fille accoutrée comme ça ». En arrivant à l'école, quand ses amies se mettent à parler de leurs croulantes de mères qui se plaignent tout le temps, elle n'est pas en reste de lamentations maternelles. As-tu déjà regardé les autres filles de son école ? Pourquoi ne vas-tu pas jeter un coup d'oeil ? »

Je suis allée la chercher ce jour-là et j'ai remarqué que plusieurs des autres filles avaient l'air encore plus misérable. En revenant à la maison, je lui ai dit que j'avais peut-être exagéré cette histoire de jeans. Je lui offris ce compromis : « À partir de maintenant, tu peux porter ce que tu veux quand tu vas à l'école avec tes amies, je ne dirai plus rien. »

« Quel soulagement. »

« Mais quand tu sors avec moi, à l'église, dans les magasins ou chez mes amies, j'aimerais que tu portes quelque chose qui me fera plaisir sans que j'aie à te le dire. »

Elle y réfléchit.

Alors j'ajoutai : « Ce qui veut dire que tu t'habilles comme tu veux à 95 % et comme je veux à 5 %. Qu'en penses-tu ? »

Elle avait l'oeil brillant en me tendant la main : « Marché conclu, maman. Tope là ! »

À partir de ce jour, je lui dis un gentil bonjour quand elle partait pour l'école et je ne l'ai plus jamais embêtée à propos de ses vêtements. Quand elle sortait avec moi, elle s'habillait correctement sans rechigner. On avait topé.

Florence Littauer

Prenez un instant pour voir vraiment

Nous connaissons tous l'expression « Prendre le temps de vivre ». Mais en réalité il est très rare, dans l'agitation de la vie quotidienne, que nous prenions un instant de répit pour regarder vraiment le monde qui nous entoure. Trop souvent, pressés par un horaire chargé, perdus dans nos pensées, coincés entre deux rendez-vous, dans la circulation ou dans la vie en général, nous sommes même trop occupés pour nous apercevoir qu'il y a des gens autour de nous.

Je suis aussi coupable qu'un autre, j'ai moi aussi l'habitude de rester sourd à tout ce qui m'entoure, surtout quand je dois conduire ma voiture dans les villes surpeuplées de la Californie. Il n'y a pas si longtemps, toutefois, j'ai été témoin d'un événement qui m'a fait comprendre à quel point cette façon de m'isoler dans ma tête m'avait empêché de voir la vie se déployer autour de moi.

Je me rendais à un rendez-vous d'affaires et, comme d'habitude, je répétais mentalement ce que j'allais dire. Je me suis arrêté devant un feu rouge à l'intersection de deux rues particulièrement grouillantes. « O.K., pensai-je, si je dépasse ce groupe d'autos, je devrais pouvoir passer avant le prochain feu rouge. »

Mon esprit et la voiture fonctionnaient sur pilote automatique, prêts à partir, quand un spectacle inoubliable me tira brusquement de cet état hypnotique. Un jeune couple, deux aveugles marchant main dans la main, essayait de traverser ce carrefour dangereux au milieu des voitures lancées à toute vitesse et dans toutes les directions. L'homme tenait la main d'un petit garçon, tandis que la femme serrait un bébé contre sa poitrine. Les deux avaient une canne blanche tendue par-devant, cherchant les repères dont ils s'aidaient pour traverser la rue.

Au début, j'étais ému. Ils devaient surmonter ce que je considère comme l'une des plus terribles infirmités, la cécité. « Y a-t-il plus triste sort que d'être aveugle ? » pensais-je. À la commisération succéda l'épouvante : je vis que le couple, au lieu de marcher en ligne droite sur le passage piétonnier, s'était mis à traverser la rue en diagonale et se trouvait à présent en plein milieu du carrefour. Inconscients du danger, ils se dirigeaient tout droit vers les automobiles qui venaient en sens inverse. Je craignais le pire parce que je ne savais pas si les autres conducteurs avaient vu ce qui se passait.

Je faisais partie du premier rang de voitures arrêtées au feu rouge (les fauteuils d'orchestre, autrement dit) et j'ai vu de mes yeux un miracle se produire. *Toutes* les voitures dans *toutes* les directions s'arrêtèrent simultanément. Je n'entendis aucun crissement de pneus ni le moindre coup de klaxon. Personne n'a crié : « Ôtez-vous de là ! » Rien ni personne ne bougeait. En cet instant, le temps semblait s'être arrêté pour cette famille.

Éberlué, j'ai regardé autour de moi pour vérifier si tout le monde avait bien vu la même chose. Je remarquai que tous les yeux étaient bel et bien rivés sur le jeune couple. Soudain le conducteur à ma droite réagit. Passant la tête à la portière, il cria : « Vers la droite. Vers la droite. » D'autres personnes l'imitèrent, criant tous ensemble : « À droite ! À droite ! »

Sans hésiter une seconde, le couple changea de direction comme on leur demandait. Se fiant à leurs cannes blanches et aux cris poussés par quelques honnêtes citoyens, ils arrivèrent sains et saufs de l'autre côté de la rue. Quand ils furent sur le trottoir, une chose me frappa : ils avaient encore la main dans la main.

Je fus aussi frappé de voir que leurs visages n'exprimaient aucune émotion et j'en conclus qu'ils n'avaient pas idée de ce qui s'était passé. Pourtant, au même moment, j'ai eu l'impression d'entendre l'immense soupir de soulagement que poussaient tous ceux qui s'étaient arrêtés à cette intersection.

J'ai jeté un coup d'oeil vers les autres automobilistes et j'ai cru comprendre, en lisant sur ses lèvres, que celui de droite me demandait : « Avez-vous vu ça ? » Celui de gauche s'est exclamé : « Incroyable ! » Je pense que la scène dont nous venions d'être témoins nous avait tous remués. Voici des êtres humains qui sont sortis d'eux-mêmes un court instant, le temps d'aider quatre personnes démunies.

J'ai repensé à cette situation plusieurs fois et j'en ai tiré quelques leçons importantes. La première s'énonce comme suit : « Arrêtez-vous et prenez le temps de vivre. » (Chose que je faisais rarement avant ce jour-là.) Prenez un instant pour vraiment voir ce qui se passe autour de vous maintenant. Faites cela et vous découvrirez que l'instant présent est tout ce qui existe et, ce qui est plus important encore, que cet instant est le seul où il vous est possible d'agir sur votre destin.

La deuxième leçon est que nous pouvons atteindre les buts que nous nous sommes fixés si nous avons foi en nous-mêmes et confiance en autrui, et cela malgré des obstacles en apparence insurmontables.

Le but de ce couple d'aveugles était simplement d'arriver sains et saufs de l'autre côté de la rue. L'obstacle était huit files de voitures se dirigeant droit sur eux. Pourtant, sans paniquer et sans douter, ils ont continué de marcher jusqu'à ce qu'ils aient atteint leur but.

Nous pouvons nous aussi continuer d'avancer jusqu'à nos buts, aveugles aux difficultés qui pourraient surgir en cours de route. Nous devons simplement nous fier à nos intuitions et accepter les conseils de ceux qui sont en mesure de nous aider.

Finalement, j'ai appris à apprécier vraiment ce que j'avais trop souvent tendance à tenir pour acquis : mes yeux. Pouvez-vous concevoir à quel point votre vie serait changée sans le sens de la vue ? Imaginez un instant que vous essayez de traverser une rue grouillante de voitures sans pouvoir ouvrir les yeux. Comme il est facile d'oublier ces facultés à la fois toutes simples et proprement fabuleuses dont la nature nous a dotés.

En m'éloignant de ce carrefour, j'avais plus de compassion pour les autres et plus de respect pour la vie que j'en avais en arrivant. Depuis ce jour, j'ai pris la décision de voir la vie tout en vaquant à mes affaires quotidiennes et d'utiliser les talents que Dieu m'a donnés pour aider les moins fortunés.

Rendez-vous ce service en traversant la vie : Arrêtez-vous et prenez un instant pour vraiment *voir*. Prenez le temps de regarder ce qui se passe autour de vous maintenant, là où vous êtes. Vous ratez peut-être quelque chose de merveilleux.

Jeffrey Thomas

Si je pouvais revivre ma vie

Quand on interroge des personnes âgées et des malades en phase terminale, on se rend compte que les gens n'ont pas tellement de regrets au sujet des choses qu'ils ont faites ; ils ont plutôt tendance à parler des choses qu'ils regrettent de ne pas avoir faites.

J'oserais faire plus d'erreurs la prochaine fois.
Je me détendrais. Je me dégourdirais.
Je ferais l'idiot plus souvent qu'à mon tour.
Je prendrais moins de choses au sérieux.
Je prendrais plus de risques.
Je voyagerais plus souvent.
J'escaladerais plus de montagnes et plongerais dans plus de rivières.
Je mangerais plus de crème glacée et moins de haricots.
J'aurais peut-être plus de vrais problèmes mais j'en aurais moins d'imaginaires.
Voyez-vous, je suis du genre à garder la tête froide et les pieds bien sur terre quoi qu'il arrive, heure après heure, jour après jour.
Oh, j'ai eu des bons moments et si c'était à refaire il y en aurait davantage. En fait, j'essayerais de ne faire que ça, vivre le moment présent.

Un moment après l'autre, au lieu de vivre chaque jour des années à l'avance.
Je faisais partie de ces personnes qui ne vont jamais nulle part sans un thermomètre, une bouteille d'eau chaude, un imperméable et un parachute.
Si c'était à refaire, j'emporterais moins de bagages la prochaine fois.
Si je pouvais revivre ma vie, j'irais nu-pieds plus tôt au printemps et plus tard en automne.
J'irais danser plus souvent.
J'irais dans tous les manèges.
J'irais cueillir des fleurs.

Nadine Stair
(85 ans)

Deux moines

Deux moines qui faisaient un pèlerinage parvinrent au gué d'une rivière. Ils virent là une jeune fille parée de ses plus beaux atours et qui d'évidence était dans un grand embarras, car elle ne voulait pas abîmer ses vêtements et la rivière était en crue. Sans autre préambule, un des moines la prit sur son dos, traversa la rivière et la déposa sur la terre ferme de l'autre côté.

Puis les moines continuèrent leur chemin. Mais l'autre moine au bout d'une heure se mit à maugréer : « Ce n'est pas bien de toucher une femme ; les contacts étroits avec les femmes sont contraires aux commandements. Comment as-tu pu enfreindre la règle des moines ? »

Le moine qui avait transporté la jeune fille marchait en silence, mais à la fin il remarqua : « Je l'ai déposée au bord de la rivière il y a une heure, pourquoi la portes-tu encore ? »

Irmgard Schloegl
Sagesse des maîtres zen

Sachi

Peu après la naissance de son frère, la petite Sachi demanda à ses parents de la laisser seule avec le nouveau bébé. Ses parents craignaient que Sachi, comme la plupart des enfants de quatre ans, ne soit jalouse du nouveau-né et soit tentée de le secouer ou de le frapper, alors ils répondirent non. Mais elle ne montrait aucun signe de jalousie. Elle traitait le bébé avec douceur et continuait à les presser de la laisser seule avec lui. Ils décidèrent de le permettre.

Transportée de joie, elle entra dans la chambre du bébé et referma la porte, mais celle-ci resta entrouverte — assez pour que les parents, curieux, puissent voir et entendre. Ils virent la petite Sachi s'approcher en silence de son petit frère, mettre son visage tout près du sien et dire doucement : « Bébé, dis-moi à quoi ressemble Dieu. Je commence déjà à oublier. »

Dan Millman

Le dauphin

J'étais environ 15 mètres sous la surface de l'eau, seule. Je savais que je n'aurais pas dû plonger seule, mais j'étais très compétente et j'ai pris un risque. Il n'y avait pas beaucoup de courant et l'eau était si chaude, si claire et si attirante. Quand une crampe m'a prise, j'ai tout de suite compris quelle bêtise j'avais faite. Je ne paniquais pas mais j'étais pliée en deux par des crampes d'estomac. J'ai tenté d'enlever ma ceinture de plomb, mais j'étais tellement mal en point que je n'arrivais pas à saisir l'ardillon. Je coulais, incapable de bouger, et j'ai commencé à prendre peur. Je pouvais voir ma montre et je savais que dans très peu de temps ma bouteille serait vide, je ne pourrais plus respirer. J'ai essayé de masser les muscles de mon ventre. Je ne portais pas la tenue de plongée, mais je ne pouvais pas me redresser et mes mains ne pouvaient pas atteindre les muscles contractés.

Je me disais : « Je ne peux pas partir comme ça ! J'ai des choses à faire ! » Je ne pouvais pas me laisser mourir de cette façon, en sachant que personne ne saurait jamais ce qui m'était arrivé. J'ai crié au secours dans ma tête : « Au secours ! N'importe qui, n'importe quoi, aidez-moi ! »

Je m'attendais à tout sauf à ce qui s'est passé.

Soudain j'ai senti quelque chose derrière moi qui poussait mon bras. « Oh non ! pensai-je, des requins ! » J'étais vraiment terrifiée, je me croyais perdue. Mais ce quelque chose soulevait mon bras irrésistiblement. Dans mon champ de vision apparut soudain un oeil — l'oeil le plus merveilleux qu'on puisse imaginer. Je jure qu'il souriait ! C'était l'oeil d'un grand dauphin. En regardant dans cet oeil, j'ai su que j'étais sauvée.

Il se glissa sous mon bras et appuya sa nageoire dorsale dans le creux de mon aisselle. Alors j'ai pu me relaxer en le serrant contre moi, immensément soulagée. Je sentais que l'animal me communiquait son propre sentiment de sécurité, qu'il me soignait en même temps qu'il me soulevait vers la surface de l'eau. Mes crampes d'estomac ont disparu durant l'ascension, au fur et à mesure que je me détendais, mais j'étais convaincue que l'animal y était aussi pour quelque chose.

À la surface de l'eau, il s'est dirigé vers la rive en continuant de me soutenir. Il m'a emmenée si près du bord que j'ai commencé à avoir peur qu'il s'échoue, alors je l'ai repoussé vers les eaux plus profondes, où il est resté pour s'assurer, je suppose, que tout allait bien.

On aurait dit qu'il m'avait donné une autre vie. En enlevant la bouteille d'air comprimé et la ceinture de plongée, j'ai enlevé tout le reste et je suis allée toute nue rejoindre le dauphin dans l'océan. Je me sentais si légère et libre et vivante et je n'avais qu'une envie : me baigner au soleil dans toute cette eau et dans toute cette liberté. Le dauphin m'a ramenée vers le large et s'est amusé dans l'eau avec moi. J'ai remarqué qu'il y avait plusieurs dauphins, un peu plus loin.

Au bout d'un certain temps, il m'a reconduite à la rive. J'étais très fatiguée, presque à bout de souffle, et il s'est assuré que j'étais en sécurité dans l'eau peu profonde. Puis il s'est tourné de côté, et de profil son oeil me regardait fixement. Nous sommes restés dans cette position pour un temps qui m'a semblé très long, presque une éternité, comme dans une transe, avec des images de mon passé qui défilaient dans ma tête. Puis il a émis un seul son et il est allé rejoindre les autres. Et tous sont partis.

Elizabeth Gawain

Touché par le Maître

Il était cabossé, tout égratigné, et le crieur
Pensait qu'il perdait son temps
À mettre aux enchères ce vieux violon,
Mais il le présenta avec un sourire.
« Combien m'en donnerez-vous, bonnes gens ? cria-t-il.
Qui parlera le premier ?
Un dollar, un dollar, et puis deux ! Seulement deux ?
Deux dollars, et qui m'en donnera trois ?
Trois dollars une fois, trois dollars deux fois
Adjugé pour trois... » Mais non,
Venant de l'arrière de la salle, apparut un homme aux cheveux gris
Qui s'avança et prit l'archet dans ses doigts ;
Après avoir dépoussiéré le vieux violon,
Et serré les cordes qui s'étaient relâchées,
Il joua une mélodie si pure et si douce
Que les anges n'en chantent pas de plus belles.

La musique cessa, et le crieur,
D'une voix tranquille et basse
Dit : « Combien me donnerez-vous pour ce vieux violon ? »
Et il le montra ainsi que l'archet.

« Mille dollars, et qui m'en donnera deux ?
Deux mille ! Et qui m'en donnera trois ?
Trois mille une fois, trois mille deux fois,
Adjugé pour trois mille dollars. »
Les gens applaudirent, mais quelques-uns s'écrièrent :
« Nous ne comprenons pas,
Pourquoi sa valeur a-t-elle changé ? » La réponse fusa :
« Parce que le Maître l'a touché. »

Et il y en a plus d'un parmi les hommes
Que le péché a désaccordés,
Dont l'âme cabossée, toute égratignée,
Pareille à ce vieux violon,
Est vendue pour pas cher à la foule insouciante.
De quoi manger, un verre de vin ;
Un jeu — et il va son chemin.
Une fois, deux fois,
trois fois et presque adjugé.
Mais le Maître arrive et la foule frivole
Ne comprendra jamais
Le changement qui s'opère et la valeur d'une âme
Que le Maître a touchée.

Myra B. Welch

NOTE DES AUTEURS

Parce qu'ils ont bien voulu nous autoriser à reproduire leurs textes, nous tenons à remercier :
Monsieur Dan Millman et les éditions H.J. Kramer, Inc., pour *Sur le courage et Sachi, de Dan Millman ;*
Monsieur Fred T. Wilhelms et Educational Leadership, pour *Le plus gentil besoin, de Fred T. Wilhelms ;*
Avanta Network, pour *Ma déclaration d'estime de moi et Tout le monde peut rêver, de Virginia Satir ;*
Madame Bettie B. Youngs, pour *Pourquoi j'ai choisi mon père comme papa ;* Monsieur John McCormack et Addison-Wesley Publishing Co., Inc., pour *Prêt à faire tous les sacrifices, de John McCormack ;*
New Directions Publishing Corporation, pour *Deux moines, de Irmgard Schloegl ;*
Monsieur Eric Butterworth, pour *L'amour, seule et unique force créatrice ;*
Madame Bobbie Probstein, pour *Je me souviens et La vagabonde ;*
Madame Patricia Jean Hansen, pour *Chant du coeur ;*
Monsieur Barry Vissell, pour *Le grand amour ;*
Madame Pamela Rogers, pour *Vous ne pourriez jamais faire ça ?, de Jack Canfield ;*
Madame Helice Bridges, pour *Vous n'êtes pas n'importe qui ;*
Monsieur Dan Clark, pour *Un frère comme ça et Chiots à vendre ;*

Monsieur Joe Batten, pour *Big Ed ;*
Monsieur Art Buchwald, pour *L'amour et le chauffeur de taxi ;*
Monsieur John Wayne Schlatter, pour *Un simple geste et Je suis un professeur ;*
Le docteur Hanoch McCarty, pour *Le sourire, Ne le dites pas à Angela et Encore une fois, une dernière fois ;*
Madame Jo Ann Larsen, pour *Une histoire pour la Saint-Valentin ;*
Monsieur Alan Cohen, pour *Carpe Diem ! ;*
Human Awareness Institute, pour *Je vous connais, vous êtes comme moi ! de Stan V. Dale ;*
Monsieur David Casstevens, pour *Rien que la vérité ! paru dans le Dallas Morning News ;*
Madame Dorothy Law Nolte, pour *Les enfants apprennent du milieu où ils vivent ;*
Monsieur Victor H. Nelson, pour *Touchée ;*
The Institute for Humanistic and Transpersonal Education, pour *Je t'aime, p'tit ! de Victor Brook Miller ;*
Madame Patricia Fripp, pour *Ce que vous êtes importe autant que ce que vous faites ;*
Monsieur Michael Murphy, pour *La famille idéale ;*
Monsieur Gene Bedley, pour *Allez, dis-le ! ;*
Monsieur Everett L. Shostrom, pour *Je m'aime bien à présent ;*
Soeur Helen P. Mrosla et l'Université de Shippensburg, pour *Toutes les bonnes choses, de Helen P. Mrosla ;*
Madame Helen E. Buckley, pour *Le petit garçon ;*
Madame Michele Borba, pour *Sûr que je peux ;*
Monsieur Chick Moorman, pour *R.I.P. : Les funérailles de « Je ne peux pas » ;*
Monsieur Robert C. Proctor, pour *L'histoire du 333 ;*

Monsieur Rick Gelinas, pour *Demandez et vous recevrez... Et plus vous demandez, plus vous recevrez ;*
Monsieur Dale Madden, président de Island Heritage Publishing, pour *Magie de la foi ;*
Madame Glenna Salsbury, pour *Les buts de Glenna ;*
Monsieur John Goddard, pour *Une autre chose de faite ;*
Monsieur Les Brown et la fondation Look Who's Talking, pour *Attention, bébé, j'arrive ! de Jack Canfield ;*
Madame Florence Littauer, pour *La boîte et Tope là ! ;*
Monsieur Nido R. Qubein, pour *Encouragement ;*
Edge Learning Institute Inc., pour *Walt Jones, de Bob Moawad ;*
Dow Jones/Irwin, pour *Les lois de l'hospitalité, de Karl Albrecht et Ron Zenke ;*
Les éditions Beacon Press, pour *Obstacles, de Viktor E. Frankl ;*
Monsieur John Corcoran, pour *John Corcoran, l'homme qui ne savait pas lire, de Pamela Truax ;*
Madame Dorothy Walters, pour *L'échec ? Connais pas ;*
Center for Creative Leadership, pour *Avant d'être plus créatif, j'attends... de David B. Campbell ;*
Monsieur Burt Dubin, pour *La détermination ;*
Madame Betty Tisdale, pour *Une héroïne des temps modernes, de Jack Canfield et Mark V. Hansen ;*
Monsieur Bob Richards, pour *Il y a des champions partout ;*
Monsieur Jeffrey M. Thomas, pour *Prenez un instant pour voir vraiment ;* Madame Nadine Stair, pour *Si je pouvais revivre ma vie ;*
New World Library, pour *Le dauphin, de Elizabeth Gawain.*

Table des matières

Note sur les auteurs

Jack Canfield est le président des *Self-Esteem Seminars* et de la *Foundation for Self-Esteem* de Culver City, Californie. Il a dirigé des séminaires de croissance personnelle et professionnelle auxquels ont assisté plus de 500 000 personnes aux États-Unis, au Canada, en Europe, en Australie et en Asie. Il est également l'auteur de plusieurs livres sur l'estime de soi dans le domaine de l'éducation et il a agi comme conseiller pour des centaines de compagnies et d'associations professionnelles.

Mark Victor Hansen est connu comme l'orateur et le « motivateur » des hommes et des femmes d'affaires qui veulent compter parmi les dix meilleurs de leur profession et tripler leurs revenus en trois ans. Il parcourt plus de 400 000 km chaque année pour présenter à tous les publics son message d'espoir ; c'est une personnalité populaire à la télévision et à la radio et il a fait récemment la page couverture de *Success Magazine*.

IMPRIMÉ EN FRANCE PAR BRODARD ET TAUPIN
1871S-5 - Usine de La Flèche (Sarthe), le 22-08-1997.

pour le compte des
Nouvelles Éditions Marabout
D.L. août 1997/0099/272
ISBN : 2-501-02927-5